U0165691

近代西方文明史

林立樹、蔡英文、陳炯彰　編著

五南圖書出版股份有限公司

目錄

第一章　世界史觀與文化的省思

第一節　古代文化的世界觀 ･････････････ 10

第二節　近代歐洲世界觀的形成 ･･･････ 18

第三節　近代歐洲文化的擴張 ････････････ 24

第二章　近代社會與文化的形成

第一節　從中古封建社會走向資本主義社會

･････････････････････････ 37

第二節　工業革命時代的來臨 ･･････････ 45

第三節　法國大革命的起源與發展 ･････ 52

第四節　近代社會與文化變遷 ････････････ 64

第三章　新思潮、新國家與新社會

第一節　近代政治思潮 ･････････････････ 73

第二節　歐美民族國家的形成與發展 ････ 80

第三節　近代歐美民主政治的推進 ･･････ 86

第四節　極權政治與和平運動 ･････････ 93

第五節　亞非國家的建立與第三世界 ･･･ 101

第四章　近代科技與社會文化

第一節　金屬與非金屬原料與近代科技的發展

･････････････････････････ 115

第二節　科學技術對近代社會文化的影響

･････････････････････････ 120

第三節　科技與人文的對話 ……………………………… 126

第五章　資訊傳播媒體的普及

第一節　報刊之發展 ……………………………………… 135
第二節　廣播電視的崛起與發展 ………………………… 145
第三節　通訊事業 ………………………………………… 152
第四節　電腦及網路傳送 ………………………………… 159

第六章　日常生活與大眾文化

第一節　現代資本社會 …………………………………… 169
第二節　教育普及 ………………………………………… 176
第三節　現代民生生活 …………………………………… 185
第四節　大眾文化 ………………………………………… 192

第七章　人文思想與文化價值

第一節　人文思想與進步史觀 …………………………… 203
第二節　現代思潮與文化認同 …………………………… 217

第八章　世界文化的交流

第一節　多元文化的種族、階級和兩性關係 …………… 231
第二節　世界文化交流 …………………………………… 240

附　錄

附錄一　世界九大區域表格 ·· 249

附錄二　圖片資料來源 ··· 251

附錄三　大事年表 ·· 259

中外名詞對照

第一章　世界史觀與文化的省思

　　西元一五一七年，葡萄牙的船艦駛入中國廣東，爲了表示慶賀與
友善，乃鳴砲示意，但是當時的中國人並不了解。此舉嚇壞了廣東
人，以爲蠻夷入侵。西元一五一九年西班牙船隻航行至墨西哥東南方
的一個半島，當西班牙水手問及土著該地的名稱時，土著回答說：
「nic athan」，意思是說：「我們不曉得你們在說什麼。」西班牙
水手誤以爲土著回答了他們的問題，就把 nic athan 當作是島嶼的名
稱，從此以後，這個墨西哥的半島就被稱之爲 Yucatan（猶加敦）。

　　自西元十五世紀以來，歐洲人陸續來到非洲、美洲、亞洲等地
區，他們接觸當地人時，類似誤解，甚至衝突的例子不勝枚舉。這些
誤解或衝突與文化有關。一個民族的文化經過長時間演化而形成，文
化因時因地有所變遷，如古代與現代文化的差別。同時，民族的不同
也使文化呈現繁複與差別性，如中國與歐洲文化的差異。

圖1-1　左手持羅盤，右手握長矛，身配刀劍的歐洲人，橫渡大西洋來到美洲新大
　　　　陸，首次遇到原住民。原住民赤裸身體，以天地爲家，樸陋無文，遠處還可
　　　　見到他們正烤著人肉吃！（十七世紀荷蘭畫家所繪，十六世紀西班牙海外探
　　　　險家首遇美洲土著之景）。

　　西元前三千年開始，人類出現了許多不同的文化系統，如西亞、
古埃及與中國華夏的文化。自此以後，各民族文化循其發展途徑，彼

此之間發生交流、衝突與影響，有的文化衰微，甚至滅亡，W有的則保持其創造力。

人類文化的發展複雜曲折，大致來說，經歷了兩次重大的變遷。

第一次重大的變遷從西元前第七世紀到西元前四世紀。中國、印度、巴勒斯坦以及地中海地區的古希臘，相繼形成了燦爛的文化。

第二次重大的變遷出現在西元十五世紀到十九世紀的歐洲。從西元第四世紀以來，蠻族入侵西羅馬帝國，使歐洲陷入了戰亂頻繁、邦國林立的時期。在這段期間，歐洲依賴基督教信仰與天主教會來維持政治與文化秩序。但是，從十五世紀開始，歐洲經歷了民族國家的形成、商業城市的興起、地理大發現、文藝復興、科學革命、文化創新等重大事件，而呈現出動態發展。到十八世紀下半葉，歐洲國家，如英、法，憑藉有效的資本主義生產以及科技的進步，國富兵強，在科技與政治制度上成為歐洲其他各地區仿效的對象。

歐洲國家輸出科技、文化與思想，衝擊了非西方世界各地的政治、社會與經濟傳統秩序。文化上也帶來了西方外來與本土世界觀的衝突。歐洲國家殖民統治孕育了「歐洲中心論」與「種族主義」兩種意識型態，影響納粹德國極權主義興起，「種族屠殺」的行為至今仍未完全消失。第二次世界大戰之後，亞、非地區雖然掙脫了歐洲國家的殖民統治，相繼建立獨立的民族國家。但是，殖民主義、種族主義以及民族文化與世界觀的衝突，依舊是全人類必須面對的問題。

依照上述的觀念來看，了解人類文化與思想的演進，以及文化彼此的交往、衝突，乃構成了世界史研究的一項重要課題。在此，所謂「世界史觀」乃是解釋文化史的觀點。「文化」一詞的涵義繁複，它包含了人類在文學、藝術、音樂各方面的活動及其創造的成果，但這些創作皆蘊含人類對自然、人生與社會政治的解釋，這些解釋往往構成一種整體的世界觀，一個民族有文化創造，即有世界觀的表達。

第一節　古代文化的世界觀

　　西元前三千年到西元前四百年左右，人類在兩河流域、恆河流域與地中海地區相繼發展出偉大的文化體系，從最早期的西亞文化、埃及文化與中國文化，到古希臘與羅馬的文化，它們各自建立其文化的獨特風格以及世界觀，各有其興盛與衰敗的歷史。

西亞文化與古埃及文化的世界觀

　　古代文化體系顯現一共同的特徵：宗教信仰與祭祀構成文化生活的重要部分；政治統治者必須結合宗教信仰與祭祀，才能有效統治，因而形成了「政教合一」的政體。在古文化發展期間，政治權貴往往是執掌祭祀的「祭司」階層，這個階層同時也塑造了該文化體系的世界觀。

　　蘇美人在西亞地區建立許多城邦，在當時統治階層的觀念裡，城邦的長治久安尚需依賴眾神的庇護。他們崇尚多神論，以為自然現象乃是眾神的化身。眾神如同人類，也有地位尊卑的分別。至高的主宰名為安奴。眾神一年集會一次，決定某一城市的福禍。神祇的力量巨大且無法捉摸，常人只能經由祭司的祭祀，測度祂們的旨意，同時必須定期舉行祭典以取悅祂們。

　　尼羅河地區的古埃及文化（從西元前二千五百年到西元前三十年）也建立政教合一的政體，法老王自居是神祇的化身，永生不朽，並且有權力賦予順從他的人永生；反之，侮辱與背叛他的人將遭刑法嚴懲與永恆的詛咒。在法老王易克納唐執政時（西元前一三七九年到

圖1-2　這些陶像乃是美索不達米亞帝國的祭司，他們虔誠地向至高的主宰「安
　　　　奴」禱告，祈求帶給人世間繁榮、富庶與和平。

西元前一三六二年），曾改變傳統的宗教信仰，成為太陽神安唐的崇
拜，企圖建立一神論的宗教；但埃及人久習於多神教，無法接受宇宙
有一眞神的信仰，因而易克納唐的宗教運動功敗垂成。一神論的宗教
除了相信宇宙有一眞神之外，尚且強調統治者不能自稱是這一眞神的
化身。這種一神教的信仰要到猶太教、基督教與伊斯蘭教才出現。

圖1-3 古埃及法老王易克納唐（左）及其后妃冪芙麗娣娣（右）。這位法老王執政
　　　時，運用激烈的手段，將古埃及傳統的多神教轉變成爲太陽神崇拜的一神
　　　教，且他自比爲太陽神。這種宗教革命尚未完全脫離古文明「政教合一」的
　　　理念，跟同一時期的「祆教」與「猶太教」之一神論有很大的區別。

中國與印度文化的世界觀

　　中國殷、周的華夏文化亦同樣表現出多神論與「政教合一」的
觀念。跟其他古文化不同的是，華夏文化以祖先祭祀爲核心，構成
宇宙秩序（天）與人間秩序（人）相連貫合一的世界觀。君王代
理「天」，在人間從事統治，君王經由祭祀先祖之神靈，上禱於
「天」，一方面向祖先報恩，另一方面則祈求「天」的主宰與祖先神
靈的庇佑。周人在西元前一千年左右進一步發展出「天命」與「德」

的觀念，君王的政權由天授與，即是「天命」，因此君王自稱天子。
為維繫「天命」於不墜，天子與統治階層必須在其治理上，表現敬
天、恤民、勤政與恭儉等美德。

　　先秦時期，儒家把這種宗教的理念轉化為以孝敬、仁愛為主導的
倫理思想，並且以「中國」（指黃河流域的中原地區）的倫理觀與禮
樂教化作為分辨文明與野蠻的標準，提出了華夏文化的天下觀，認為
「天之所覆，地之所載，日月所照，霜露所墜，舟車所致，人力所
通」（《中庸》）的全人類生活世界，都應遵循「中國」所建立的文
化理想。儒家以孝敬、仁愛為主導的倫理觀，及華夏文化的天下觀，
構成了中國文化世界觀的要素。

圖1-4　古印度佛陀之弟子講道所立之浮屠，內供佛陀之舍利子。

　　毗鄰中國的印度，早期發展出來的世界觀亦是以宗教祭祀為核
心，也表現多神論的宗教形式。從西元前一千五百年左右開始，形成

吠陀文化與婆羅門教，到西元前第六世紀左右，佛陀承先啓後建立了佛教的系統教義，成爲古印度文化的重要成就。佛教教義深奧，簡約言之，其基本教義揭櫫世界與人生乃是苦難的歷程，宗教之修行乃在於洞悉苦難之根源，進而滅絕自我的貪念、妄想與意志，甚至是「無我」，以解脫生死輪迴，臻乎涅槃寂靜的安樂境界。

古希臘與古羅馬之文化世界觀

西元前一千二百年之後，印歐人建立的古希臘文化亦從多神的宗教信仰與祭祀發展而來。但是，在西元前八世紀左右，於愛琴海海域米利都城邦興起的「米利都學派」，掙脫宗教神話的思維方式，開始以理性探索自然的基本構成要素，並且創造了幾何學與數學，以作爲解釋自然物質的工具。在這種解釋下，自然乃是一個依循一定法則而運動的客觀秩序，人透過理性可以發覺這些自然律。降至西元前五世紀，蘇格拉底（西元前四七〇年到西元前三九九年）承繼這種理性的世界觀，但把思考的重心轉向人本身，他說：「人若不檢驗與了解自己，生命是沒有意義的。」此關切人的倫理與政治生活的意義。柏拉圖（西元前四二八年到西元前三四八年）與亞里斯多德（西元前三八四年到西元前三二二年）承繼這種「汝當了解自己」的哲學思辯方向，探討有關人的幸福，以及良好政治體制的各種問題。他們肯定：人的德行，諸如勇氣、明智、中道是帶給人幸福生活的主要條件，而這些德行必須靠理性與知識的培育才能獲致。他們論證良好的政治秩序必須建立在「各安其位，各守其分」的正義原則上，同時靠著睿智政治家的治理與公民的美德，此良好的政治秩序才能進一步鞏

圖1-5　米利都學派之哲學家泰
　　　　利斯,為古希臘第一位
　　　　哲學家。

圖1-6　文藝復興畫家拉菲爾在其畫作「古
　　　　雅典學派」中所繪之柏拉圖與亞里
　　　　斯多德。

固。理性、知識與美德構成了古希臘文化之世界觀。

　　如果說古希臘文化的成就在於文學、哲學與藝術創作,那麼古羅馬文化的成就則表現在法律與政治的實務。羅馬法大概是古羅馬人留給歐洲人最重要的遺產。就此而言,古羅馬人不像古希臘人那麼喜好冒險、勇於創新、偏好玄想思辯。羅馬人重法務實、尊重傳統,這亦是他們的人格特質,此種特質也反映在古羅馬文化上。古羅馬人接受古希臘人理性的世界觀。但是他們把這些觀念應用在實際的生活上,就如古羅馬的兩大哲學派別,斯多噶學派與伊比鳩魯學派所揭櫫的,人與自然世界基本上都是由理性所主導。正如自然界依自然律而運行,人的德行亦當如是。

基督教的世界觀

　　基督教的世界觀以上帝之創世爲中心，形成一神論的世界觀。宇宙萬物與人類皆由上帝所創造，因而具有神性。上帝造人賦予每個人尊嚴，人應以平等與愛相互對待。但依照基督教的創世神話，人類的始祖亞當與夏娃違背上帝的旨意，偷嘗了伊甸園的知識之果，而被逐出伊甸園，由此，人類有了「原罪」。爲卸除此「原罪」，人類在塵世必須經歷磨難，克制肉欲之罪惡，堅信上帝，以獲得上帝的「恩典」，得到救贖。人獲得救贖的希望來自耶穌基督爲人類的罪惡承擔苦難，釘死耶穌的十字架成爲受難與救贖的象徵。「原罪」與「救贖」的理念使基督教將古希臘羅馬時代的「循環式之時間」觀念轉變成爲「直線式時間」觀念。人從初生到死亡的過程即是得救贖的過程。人類歷史亦是如此，歷史不再是循環的，而是直線進行的歷程。人類歷史遂有其起點，即是亞當與夏娃的「原罪」與「墮落」，以及終點，即是「耶穌基督再度降臨」與「上帝最後的審判」。在歐洲中古世紀，基督教會主導歐洲人的政治與社會活動，基督教的世界觀亦是歐洲人道德與倫理觀的來源。

問題與討論

一、說明人類文化史的兩次重大變遷。

二、古希臘人思想活潑而豐富，有許多思想家從不同的角度觀察世界，表達他們
　　對世界的看法，請同學舉出兩種看法，並查閱相關資料，分組進行討論。

三、如果說中國人的世界觀很具體、很實際；而印度人的世界觀很抽象、很理想
　　化。你同意嗎？爲什麼？

四、簡略說明基督教的世界觀。

第二節　近代歐洲世界觀的形成

　　十五世紀到十九世紀人類歷史邁入新的里程，建構一個有別於古代的世界觀。近代歐洲世界觀有三個主要的基本觀念：一是個人主義，其次為科學宇宙論，包括科學方法在內，最後則是啓蒙時代的理性主義，包括進步史觀。

　　近代歐洲世界觀的發展源自文藝復興和宗教改革。西元十四世紀中葉，義大利的人文學者，如佩脫拉克與薄伽丘，重新利用古希臘、羅馬的文化資源，激發所謂古典文化「再生」的運動。此運動由義大利延伸到尼德蘭（荷蘭）、英格蘭與法蘭西，普及到歐洲。

　　在德意志，馬丁路德於西元一五一七年在維騰堡大教堂張貼「九十五條綱領」，攻擊教會的腐化，掀起了改革基督教會的宗教運動。從十四世紀到十六世紀，受這些新文化與思想運動的衝擊，歐洲人逐漸掙脫了中古基督教與教會的束縛，開始以一種新的眼光了解大自然、世界與人類自身。

文藝復興與宗教改革的個人主義

　　文藝復興與宗教改革共同培育了個人主義的觀念。文藝復興時代，人文學者重視人的個性積極表現，肯定人的尊嚴。每個人應當勇於嘗試新事物，盡己所能，表現個人才華，培養獨立自主人格。宗教改革努力革新基督教會與禮拜儀式，恢復原始基督教的教義與精神。馬丁路德與喀爾文認為基督教的墮落腐敗正是因為喪失了這種教義與精神。他們建立的新教——路德教派與喀爾文教派——雖然各有差

異，但共同主張人對上帝的敬拜，以及個人靈魂的救贖不必經過教會
與僧侶教士爲媒介，人可憑藉個人的虔敬直接面對上帝，傾聽上帝
的信息。就此而言，每一個人都享有解釋《聖經》的自由，以個人對
《聖經》的理解見證上帝。歐洲各地區以方言翻譯《聖經》，間接促
使了方言文學的興起，有利於民族國家的發展。另一方面，平民爲讀
《聖經》而開始讀書識字，這也使得平等觀念能夠散播開來。

圖1-7　馬丁路德於一五一七年在維騰堡　　圖1-8　新教的另一位創立者：喀爾
　　　　發動宗教改革運動。　　　　　　　　　　　　文。

近代科學革命

　　西元一六三二年，伽利略出版了《兩個世界觀體系的論辯》。這本著作的出版代表歐洲開啓了近代科學革命的序幕。科學革命的原因，主要有三：1.文藝復興開啓了人們對自然科學研究的興趣，而且人才輩出，譬如達文西對機械原理的研究、哥白尼的「太陽中心論」、克卜勒進一步提出「地球軌道橢圓說」，皆促使了科學革命的誕生。2.研究工具的改進，自十六世紀到十七世紀，歐洲的工藝技術顯著進步，發明了望遠鏡與顯微鏡。另外，數學的進步，如笛卡兒建立的解析幾何學、牛頓與萊布尼茲發明微積分，這些都爲科學研究提供了精準的工具。3.歐洲各國皇室注重科學研究，建立各種研究機構，如英國的皇家學會。來自皇室的支持大大助長了科學研究的獨立性，科學研究不再受到社會輿論、教會的干涉。

　　十七世紀的自然科學家，如牛頓，認爲大自然是一種如機械一樣的客觀存在，人可以經由實驗的方式觀察自然現象，繼而運用數學程式來解釋自然現象而建立普遍定律。於是，大自然不具任何神性，只是一具冷冰冰的機械。這種宇宙觀也衝擊自中古世紀以來基督教的神學觀，在自然科學的影響下，上帝不再是人們宗教情感與信仰的對象，而成爲活在腦子裡的觀念，或者成爲宇宙自然秩序的一項基本前提，換言之，上帝的信仰轉變成爲「自然神論」[1]。

1　「自然神論」一般指從十七世紀上半葉至十八世紀中葉，英格蘭思想家提倡的一種非正統的宗教主張，其要旨在於承認人生而有的理性，可以獲得有關宗教的知識，否認宗教的天啓。

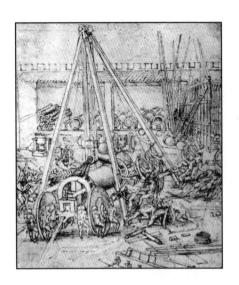

圖1-9　達文西除了是位偉大的畫家之
　　　外，他對機械原理亦有研究。此
　　　圖為達文西所繪機械的動力圖。

圖1-10　中古時代與十五世紀形成
　　　　的托勒密天文體系，皆認
　　　　定地球為宇宙中心。

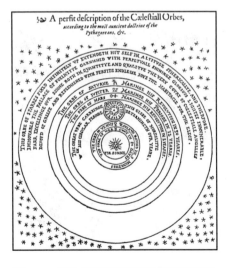

圖1-11　哥白尼否定了托勒密天文體系，
　　　　提出了太陽為宇宙中心的學說。

圖1-12　伽利略於一六三二年出版《兩個
　　　　世界觀體系的論辯》，在這書
　　　　中，他說：「宇宙乃是上帝用數
　　　　學的數據所寫成的一部大書。」

啟蒙時代的理性主義與進步史觀

　　十八世紀，歐洲的啓蒙運動發生於法國、蘇格蘭與德意志等地區。這個思想運動繼承文藝復興和宗教改革的個人主義，以及十七世紀自然科學的宇宙論與科學方法，發展出理性主義的世界觀體系。啓蒙時代的思想家認爲，人類能夠運用演繹、歸納與實驗的科學方法，建立普遍有效的自然定律；那麼也可以建立普遍的理性原則，重建道德倫理秩序與政治社會體制。傳統的文化與世界觀，不論是社會習俗或者宗教信仰都必須接受科學理性的檢驗與批判；不能符合這理性的風俗習慣與信仰，都被歸類爲偏見、迷信與宗教等。

　　除此之外，啓蒙時代的世界觀亦蘊含自由與平等的觀念，肯定每一個人皆有權利，自由地表達思想，以及追求有意義的生活，不受社會與國家的干涉。基於這些自由與平等的觀念，啓蒙時代的思想家激烈抨擊社會特權與君主專制。西元一七八九年的法國大革命即受到啓蒙世界觀深刻的影響。

　　啓蒙時代的思想家樂觀地相信，人類在歷史的發展過程中，必然掙脫野蠻、愚昧的狀態，邁向理性、自由與平等的文明世界。他們以近代歐洲文明與啓蒙時代的世界觀爲標準，解釋全人類的歷史，相信全人類歷史的發展必然以歐洲現代文明爲終極理想，指導美洲、亞洲與非洲的落後文明邁向此一終極理想，這不僅是歐洲人的職責，也是他們的權利。

圖1-13 十八世紀啓蒙運動肯定理性可以使人類掙脫迷信、偏見的桎梏,並揭櫫知識
即是力量。

問題與討論

一、近代歐洲的世界觀,從人文主義、理性主義,到科學,是一脈相傳的,你認
　　為它們共通的基本精神是什麼?

二、你認為歐洲近代的世界觀有何缺點與優點?

三、依照你對傳統文化的了解,說明歐洲近代世界觀跟中國傳統文化的世界觀有
　　哪些重大的不同?

第三節　近代歐洲文化的擴張

　　十六世紀，赴中國傳教的耶穌會教士以及從事貿易的葡萄牙商人，對中國官吏與士大夫熱衷於機械鐘與音樂盒，可是卻對更多值得接受與學習的事物，如天文學、地理學、幾何學、數學，以及哲學，視若無睹，甚感好奇。傳教士發現：中國人，除了少數學者之外，大都以爲他們所擁有的東西，是世上最美好的，因此不願接受外來的新事物；相形之下，歐洲人較具創新精神，不斷追求改革與進步。

　　傳教士的觀感指出兩種文化世界觀的差異，一是安土重遷，固守傳統；另一則是創新、進取與不斷擴張。十八世紀下半葉，以英、法爲主的歐洲國家，挾著船堅炮利的優勢，入侵亞、非世界時，歐洲人以近代科學理性與啓蒙運動的世界觀，衡量這些異地文化的風土民情，判斷文化優劣。這種近代歐洲的文化優越論伴隨著帝國主義的擴張及殖民統治，而進一步發展出「歐洲中心論」。

　　從歷史的觀察，每一個民族在發展它的文明過程中，往往會宣稱自己的文化成就代表人類普遍的價值，或自稱是最優秀的民族，譬如，古代中國的「華夏文化」優越感（即「夷夏之辨、文野之分」的理念）；古希臘人自豪其城邦政治文化的優越，而把外邦人稱之爲「野蠻人」；古代以色列人自稱「上帝的選民」；以及古羅馬人把法治秩序與政治紀律高舉爲人類普世的理想。但是這種民族與文化的優越感並沒有形成強勢性的理念，其影響力亦有一定的範圍。相對而言，起源於十八世紀啓蒙思想的「歐洲中心論」卻產生普世性的影響力。這段時期，歐洲人不但自豪其商業文明的成就，也把他們發展出來的自由企業、經濟市場機制、人本主義、人權與自由憲政的理念，視爲全人類應當學習與仿效的，這種觀念隨著歐洲憑藉其強勢的經濟與軍事武力，換句話說，藉由「帝國主義」的擴張，傳播到其他地區。

圖1-14　十八世紀末葉中國廣東省的街道圖。

十六世紀葡萄牙與西班牙的帝國主義擴張

　　十五世紀下半葉，葡萄牙與西班牙滿懷理想和野心，開啓了歐洲人的遠洋航線。自此之後，一批批的歐洲人懷著追求黃金的貪念、一夜致富的夢想、對異地的遐思，以及冒險的豪情，投向海洋。他們開拓了新航道，足踏陌生的島嶼與大陸。不到一個世紀的時間，葡萄牙人與西班牙人陸續發現了通往中國、印度與日本的亞洲航道；橫渡大西洋，抵達了現在的西印度群島，以及美洲大陸。他們在這些地方武裝拓殖，葡萄牙侵占了中國的澳門、印度的果亞，西班牙占領了菲律賓群島，在古巴、牙買加、波多黎各設置行政中心，並且大量移民到

這些地方。葡萄牙人與西班牙人的地理大發現與帝國主義的擴張，帶來了什麼影響？

　　從文化上來看，葡、西兩帝國的海外擴張打破了以往各民族文化孤立、隔閡的景況，開啟了各民族的直接交流。地理的大發現改變了歐洲人封閉的世界觀，擴大了他們的視野與思維，促進了人類學的研究與地圖學的發達。異地的文化風情激發了他們的藝術想像空間。但許多美洲的古文明也遭葡萄牙人與西班牙人摧毀。文化的接觸並不一定能使各民族相互了解與寬容。大多數歐洲人因歐洲文化的擴張，加強自己的優越感。到了十九世紀，這種文化優越感更加高漲，成為以歐洲為中心的霸權心態。

十八世紀與十九世紀荷蘭與英國的殖民主義

　　葡、西兩個帝國向海外擴張增加了帝國財富，但沒有帶來長遠的富強，主要原因在於其海外擴張並沒有脫離古羅馬帝國模式，而在掠奪與搜刮殖民地的金銀財寶。龐大的財富流入帝國，造成貴族階級奢侈糜爛與窮兵黷武，帝國自然無法持久。正如歷史家所言：「財富可以奪取，但是只有當金錢轉換成實業資本時，金錢才有真正的效用。」

　　十八世紀中葉開始，英國、荷蘭與法國陸續加入了帝國主義擴張行列，與西班牙與葡萄牙帝國不同，這些國家在這個時期已經開始發展資本主義的新經營方式。資本主義，是一個人或一個團體將私有錢財投資於工商實業上，以期獲得最大利潤。英、荷兩國均能調整法律制度以支持並管理商業的擴張，將早期帝國主義的掠奪轉變成為有效

圖1-15　十六世紀歐洲人所造之「軍　　圖1-16　哥倫布登陸北美洲，受到原住民的
　　　　艦」。　　　　　　　　　　　　　　　　　歡迎。

的殖民主義經略。英、荷兩國設立的英屬東印度公司和荷屬東印度公
司擁有特權，在占領的印度、印尼等地奴役原住民，大量栽培甘蔗、
可可、咖啡與棉花等熱帶經濟作物。這種經營型態系統化地掌控大規
模的人力和原料，增進商業上的競爭力，強化了英國的經濟生產力，
促進了工業化的進展。

　　帝國主義與殖民主義的擴張永無止境。歐洲國家為了爭奪殖民
地，交戰連連。十八世紀英、法兩國為爭奪印度與北美洲的殖民霸
權，發生激烈衝突。在一七五六到一七六三年的七年戰爭中，英國擊
潰法國與西班牙的軍隊，在海外殖民地取得了決定性的勝利。英國獲
得法國與西班牙許多重要的殖民地，並且鞏固帝國主義霸業。

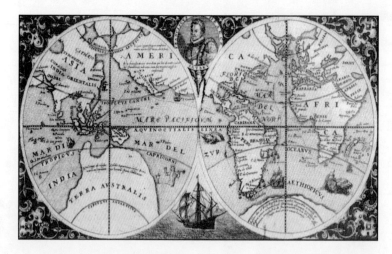

圖1-17　航海發現改變了歐洲人的世界觀，促進了製圖學的發達，這是西元一五九九年歐洲人所繪製的世界地圖。

圖1-18　十六世紀西班牙人利用殖民地的原住民，從事金銀礦的開採。

　　十九世紀中葉，英國政府從東印度公司接收印度統治權，開始以印度為據點，大幅度擴張殖民的版圖，有「日不落國」的稱號。

　　十九世紀晚期，各帝國主義國家開始在非洲進行大規模的殖民擴張。到了二十世紀初，短短二十年內，整個非洲大陸幾乎已完全成為歐洲帝國主義國家的殖民地。

圖1-19　海外殖民地的擴張造成歐洲各國的殖民地爭奪戰，圖為西元一七○二年，西班牙與英、荷聯軍的海戰。

近代文化與寬容的思想

　　十四世紀以來，歐洲逐漸脫離中古基督教神學系統與教會的支配，發展出近代的文化與思想。中古世紀基督教會發揮了教化的功

能，且教義也為邦國林立的歐洲建立了統合思想與精神的世界觀。但是，天主教會隨著權力的擴大，逐漸走向神權專制的方向。在西元一二三三年，教皇葛利果里九世面對日益普及的異端學說，為了強化教會的權威，設立了「異端裁判」的制度，對於違背羅馬教會之正統教義的異端，施予殘酷的火刑與監禁。在這樣的歷史脈絡中，文藝復興運動重新發掘古希臘、羅馬之「異教」文化與思想，肯定個人主義的倫理。這種思想趨向恰與基督教義背道而馳，也因這種衝突，歐洲人首次意識到人類生活之價值觀其實並非單一，而是多元分歧，至少是基督教與異教價值觀的分歧。也在這個時代，歐洲人開啓了遠洋航線，接觸了亞洲與美洲各種不同的文化生活形態，因而更進一步認識到人類文化與生活的多元性。

十六世紀的宗教改革運動否定了羅馬教會的權威，肯定個別信徒的良知能夠直接見證上帝的恩典，強調個人解釋《聖經》教義的自由。這樣的改革導致各種教派林立，開啓了宗教信仰的多元性。

從是觀之，近代歐洲文化與思想，從其開端而言，便蘊含價值與文化多元主義。但是宗教改革並未讓各教派彼此寬容，反而帶來長期的宗教之派別與教義的對立衝突。「發現新大陸」也未能使歐洲人尊重其他文化，反而是掠奪與侵占。

歐洲自宗教改革以來，深陷於新舊教的衝突。日耳曼地區經歷政教衝突以及基督教義的爭執。在一五五五年「奧古斯堡和約」以及一六一八到一六四八年的三十年戰爭後，歐洲各國簽訂的「威斯特發里亞條約」確認了「宗教歸屬國家」的原則，並劃定天主教與新教的版圖。宗教衝突趨於緩和，在這種歷史處境中，宗教寬容的思想逐漸普及。

圖1-20　為結束三十年戰爭，歐洲各國使節在威斯特發利亞舉行和平會議。

　　從十七世紀到十八世紀，歐洲思想家大多關切宗教衝突的問題，嘗試建立容忍信仰差異的倫理原則。在啓蒙時代，英國哲學家洛克（一六三二～一七〇四）於一六八九年出版了《寬容論》，法國的伏爾泰（一六九四～一七七八）在一七六三年出版《論寬容》，這些言論爲自由主義確立了宗教寬容的原則，此原則肯定個人信奉宗教的自由，並且認爲宗教信仰乃是個人私務，除非個人信仰侵犯他人權利，破壞了公共秩序，否則任何人（包括國家與社會）皆不得干涉。

　　啓蒙時代的思想家倡導寬容的原則，到十九世紀時，浪漫主義批判啓蒙時代的理性主義忽視人類文化生活，以及「社群文化之歸屬

感」[2]的重要性。浪漫主義從這種批判中，孕育了「文化多元主義」[3]的理論，承認並肯定人類文化的多元分歧，以及提倡各文化彼此尊重與寬容的倫理原則。

近代歐洲從宗教的分裂、文化與價值觀多元分歧的處境中，經歷衝突與動亂，逐漸形成自由與寬容的理念，並建立自由民主制以維繫此多元化的社會。多元主義必須建立在寬容的倫理原則與自由民主之上。若非如此，價值與文化的多元分歧只是帶來人際的衝突與迫害。從二十世紀歐洲的歷史經驗中，我們得知，寬容原則得之不易，自由民主制也脆弱。

在近代歷史中，亞洲與非洲地區不是受到歐洲的殖民統治，就是受到近代歐洲文明與文化的衝擊。無論如何，這些地區也都經歷傳統本土文化與近代歐洲文化的衝突，也因這衝突帶來了政治與社會的動盪。在當前，亞、非地區都已掙脫殖民統治，建立了獨立的民族國家。但是，本土文化與歐洲近代文化的衝突仍然存在。

---

2 浪漫主義時代的思想家，如赫德（一七四四～一八○三），大都強調社群或社會對於個人生活的重要性。人不能離群索居，他必須跟其他人共同生活，形成各種人際與社會關係的網絡，如此，他的生活才有意義。因而社群的語言、宗教等文化的因素，深刻地影響了社群成員的行動與思想。從這種觀念中亦形成民族的理念。

3 所謂「文化多元主義」指每一個民族在其歷史的進程中皆形成它獨特的文化生活形態，民族文化有其特異性，因此它們彼此無法分別優劣與高下，就如浪漫主義者反對把中古世紀視為「黑暗與野蠻」的時代。各民族文化既然有差異，它們必須要學習尊重彼此的差異性，俾以促進人類和平共存。

問題與討論

一、比較葡萄牙、西班牙的帝國主義擴張跟荷蘭與英國的殖民主義，兩者之間的差異。

二、說明歐洲中心論的意涵。

三、從你個人的生活經驗，解釋文化多元論的意義。

四、請舉出若干古代及當前世界的實例，說明單一價值觀的弊害。

五、科學與民主是近代世界文化中非常可貴的資產，兩者都具有自尊尊人的特質，你認為二者與近代人文主義有無關連？又與古代希臘及中國的人文思想有無共通之處？

六、傳統弱勢族群中的勞工和婦女受到壓抑，發出不平之鳴，試從新聞報導中列舉實例，並說明他們與資本家、男性今後應如何改善關係。

第二章　近代社會與文化的形成

　　自西元十五世紀下半葉以來，歐洲逐漸脫離了中古封建的型態，發展出資本主義，進入了工業化時代。歐洲在這四百年的歷史進程中，從農業社會轉向商業資本主義與工業化社會。這個重大的歷史變遷如何產生？為什麼英國領先群倫，首先發展出工業化社會？工業化帶給人類什麼影響？

第一節 從中古封建社會走向資本主義社會

西元八○○年的聖誕夜，羅馬教皇爲法蘭克國王查理曼加冕，稱爲「羅馬人的皇帝」，繼承了古羅馬帝國的正統，從此，歐洲逐漸發展出封建制度。封建制度乃指君主與他的臣屬經由誓盟的儀式，形成了一種私人的信賴關係。君主賜予臣屬土地以及依附土地的居民（農奴或自由農），稱爲「采邑」。臣屬對君主效忠，並負責「采邑」上的行政、司法與宗教各方面的事務。君主的臣屬即是封建領主，他們是農民的主人；依附於封建領主的農民必須爲領主耕作土地、繳納租稅及提供勞役。

中古封建社會

中古封建的經濟以莊園爲基本單位。莊園是以封建領主的城堡與宅邸爲中心，形成一個農業耕作的領域。莊園裡的農民向封建領主租借土地，他們擁有土地的使用權，但不得私售，每星期需花費三天的時間耕作領主的土地。莊園不只是經濟的單位，也是領主司法與行政管轄的領地。在中古世紀，農村聚落往往與莊園重疊，正所謂「一個莊園，一個村落」。但實際情況不盡如此。在莊園之外，亦有由農家組成的農村，自耕自足，自訂公約以解決土地所有權與耕作事務的糾紛。

圖2-1 中古封建莊園是以貴族的城堡爲行政、 司法的中心。

圖2-2 英國華威克城堡爲現存中 古城堡之一。

中古市鎮

中古後期，市鎮是製造業與商業的中心。製造業者依其工藝技術的類別，形成各種「行會」的組織，管制入會人員的資格，確立師徒制，控制製造成品的品質，並且保護製造業者的商業利益。當時，由於地中海海域被回教勢力所控制，遠洋貿易不發達，商業貿易純粹是內陸型態。中古時代歐洲的經濟基礎在於農業，因此，製造業與商業並不是人民生產所得的主要來源，市鎮亦非人民生活的重心。

中古社會的型態

　　中古社會的基本單位是家族，它是基於親屬血緣關係組成的社會組織。在莊園裡，農奴協同耕作，工匠製造各種工具，有時候為了工作需要，家族也可能收容無親屬關係的人，形成一種工作團體。中古社會呈現不平等的階層關係，社會最上層是貴族，包括君主、教士與封建領主。最底層則是農民，大部分農民依附土地，沒有領主的同意，不得任意離開。

　　中古歐洲經濟的重心是農業，因此經濟的發展著重於農業技術的改良，其重要的成就有三：1.在日耳曼地區，發明了重犁耕種，2.發展出「三年輪耕」制，3.馬轡以及利用耕牛的農具使用。此外，中古歐洲亦大規模開發可耕地，這些因素皆促進中古歐洲農業經濟的進步。

圖2-3　中古社會在莊園制度下，形成一種工作團體。圖中可見工匠各司其職。

圖2-4　中古婦女的家庭紡織。

圖2-5　中古農民的耕作圖。

圖2-6　中古時期發明的馬轡及重犁。

圖2-7　十五世紀莊園之封建領主宴請佃農，從其中可觀察出當時社會的等級。

封建的式微與資本主義的萌芽

　　十四、十五世紀，歐洲經歷了歷史家所稱的「封建危機」。由於基督教教會的大分裂、教皇權力的衰微、黑死病的肆虐、封建領主和農民的對立衝突、以及英、法的百年戰爭等事件，中古封建開始朝向轉型的途徑，逐漸發展出資本主義社會。資本主義的性質是，商業與製造業透過資本（金錢、土地、勞動力與工廠）的投資，牟取最大利潤，並持續累積資本。形成資本主義經濟的主要條件為：1.勞動力的解放，生產者（農民與勞工）不再受土地或村莊束縛，能自由地謀生。2.市場供需成爲經濟的重心，所有物品皆可在市場上流通並可

交換。3.財產權制度化，資本家擁有的生產資本，以及個人的勞動所得，皆受法律保障，不容他人侵占。

　　從十五世紀下半葉到十八世紀，歐洲經濟與社會走向商業資本主義有四個重要因素：

　　第一，十四世紀的中古莊園經濟因飢荒、黑死病與戰亂而告式微，農民掙脫封建領主控制，不再被束縛於莊園內土地耕作，從佃農或農奴轉變成為自由民。有的成為擁有土地產業的自耕農，有的到城市從事貿易與製造業。歐洲出現自由行動的職業人口，發展出「勞動市場」。

　　第二，在十四到十五世紀「封建危機」中，由於人口短缺，擁有莊園的領主不得不改變傳統的耕作方式：改良耕作農具，使用有效的

圖2-8　十四世紀瘟疫流行於德意志的哥廷根市。

管理方式，因應市場的供需，投資專業化的農作物生產[1]。傳統的農業地主（或貴族）須轉型為資本家，才能維持產業的生存。

第三，中古晚期城市日趨繁榮。文藝復興時代，義大利的城市如佛羅倫斯、威尼斯與熱那亞，因應貿易需要，發展出新的商業貿易制度，譬如，簡便的會計方式、合夥經商的股份公司、商事法、航海法、銀行、股票交易與期貨交易，使得大規模的海內外商業貿易得以順利進行。這些新的商業貿易制度從北義大利逐漸影響到西歐與北歐，特別是十七世紀的荷蘭與英國。

第四，自十六世紀以來，歐洲的殖民拓殖大幅增加了經濟生產所需的原料供應，如香料、印度棉布、糖、菸草和金、銀等貴重金屬。豐富原料刺激了生產事業的發達，擴大了貿易範圍，降低了日常消費

圖2-9　十四世紀倫敦亦遭瘟疫肆虐。

1　以英國為例，英國的農業改良肇始於中世紀的農奴解放，以及耕作和農產運銷的商業化。到十六世紀，倫敦近郊出現了許多專業耕作（譬如，專種水果和蔬菜，以供應倫敦市民），而各地的農民則開始混合農牧的新農作方式，充分顯示了他們對市場的敏感。〔引自David S. Lands著《新國富論》，汪仲譯（臺北，時報出版社，1999年），頁207〕

品的成本，直接促使了製造業和加工業種類的增加，也擴大了相關的行業，譬如，銀行業、保險業、造船業，以及港口的建設業務的發展。

問題與討論

一、從農業社會轉變成為商業資本主義社會，是人類歷史的大事，請以歐洲的經驗說明造成這轉變的歷史因素。

二、比較農業經濟與資本主義經濟的不同。

第二節　工業革命時代的來臨

　　過了三百多年的發展，歐洲從中古封建農業社會轉型為商業資本主義社會，帶來商業貿易活絡、產業發達、人口增加、物品多樣化、價格低廉，以及都市化的現象愈發明顯。無可諱言地，商業資本主義的發展刺激了人類的需求，而利用新技術以擴大供給就變成當務之急。工藝技術的發明家和實業家相互結合，降低生產的成本，增加物品的種類與供應。歐洲的工業革命即在這種時代背景下產生。

工業時代的技術

　　工業革命從棉紡織業開始。十八世紀上半葉，英國為鑑於棉麻混紡粗布以及印度棉織布的龐大需求，開始設法大幅度地擴充生產，相繼出現了重要的發明：飛梭織布機提高了織布的效率、水力紡紗機生產出結實的棉紗。這一連串發明適時地應用於棉紡織業，造成棉紡織業的勃興，進而取代傳統的羊毛紡織業。棉紡織業的發達促進了永續發展。實業家與發明家為克服水力紡紗機效率的瓶頸，試圖尋找一種比水力更高效率的動力，他們一方面改進傳統蒸汽機的構造，另一方面，加強煉鐵業技術。十八世紀的下半葉，亨利·科特改進煉鐵的技術，使之能生產無雜質且更精良的熟鐵。瓦特在一七六九年改進紐科門的蒸汽機。一七七五年瓦特將改良的蒸汽機應用於伯明罕的索霍工廠基地，最初用來抽水，然後用於鼓風爐和其他金屬製造業，在一七八二年，瓦特發明更優良的蒸汽機，可以裝接在紡織機上，因此蒸汽機開始應用於紡織，並且更廣泛地應用於麵粉和麥芽磨坊、陶器

以及製糖業。瓦特蒸汽機降低了生產動力成本，並可設置在任何場所
裡面，大大改變了工業生產的方法。自此之後，人類利用機器取代人
力來從事大規模的經濟生產事業。同時，企業家擴充工廠的編制，對
勞力分工做更細密的規劃，更有系統地管理勞工。新型態的工廠組織
取代了傳統以家庭為工業單位的工作坊。

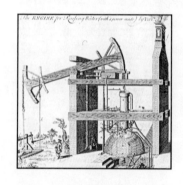

圖2-10　十八世紀葉紐科門設
　　　　計的蒸汽機。

圖2-11　新式的紡織工廠。

工業革命的起源：英國

　　英國在自然科學研究、或者工藝技術發明，與歐洲國家並駕齊
驅，但是何以工業革命特別發生於十八世紀末葉的英國？十七世紀以
來，歐洲的經濟重心從南歐轉移到西歐與北歐，英國居關鍵地位，英
國資本主義發展的特色在於，從中古莊園制轉向大農場制，大農場的
主人包括傳統的地主貴族以及新發跡的自由農，他們形成了英國社會
的「鄉紳」階級。這些鄉紳雖經營農場，可是也兼具商人的生意眼

光，能夠機警地配合市場的供需，改變傳統農業耕作方式，採行農牧混和以及專業化耕種的方式。

西元一四五○到一五五○年間，英國中西部的地主因應羊毛市場的龐大需求，將可耕地與公有地圍成放牧綿羊的牧場，造成第一次的「圈地運動」。一七五○至一八五○年之間，出現了第二次「圈地運動」，西部與南部的農民將廣大的農地圍籬成農場，一方面大量栽培新的農作物，如馬鈴薯，另一方面則經營畜牧業，大幅提高羊毛、肉類與乳製品等的生產量。工業革命時，英國已發展出有效率的大農場制。農業的高度成長與資本之累積，提供工業革命有力的物質基礎，農業革命與工業革命遂相輔相成。

英國這種農業式的資本主義發展出「鄉紳」階級的企業精神：勇於創新、無懼風險。因此，當需要資本家贊助與投資在發明上時，英國的鄉紳願在其生產事業上實驗新的工藝技術。譬如，若沒有企業家伯爾頓的資本支持與精神鼓勵，瓦特的蒸汽機發明就可能夭折。

除了經濟的因素之外，英國的政治也有利於工業革命的發生。從十七世紀到十八世紀，英國領先其他歐洲國家，形成君主立憲的民主國家，給予人民思想與宗教的自由，經由法治的途徑保障了人民的人身安全與財產權利。民主制度形成了一個有擔當的廉潔政府，建立有效率的水陸交通網。

自十七世紀以來，自然科學的研究受到政府鼓勵，西元一六六○年皇家學會的成立促使英國的科學研究制度

圖2-12　十八世紀於英國白金漢郡的工廠，此為當時工廠的典範。

化。透過學校教育途徑，
科學的觀念與方法伸展到
民間，間接促進了工藝技
術的發明。瓦特改良蒸汽
機則是間接受到當時格拉
斯哥的大學教授布萊克
（一七二八～一七九九）
的「熱動力學」理論之影
響。

圖2-13　現留存英國的「圈地」農場。

工業革命的影響

　　英國帶動了工業革命，法國
跟隨在後，在十九世紀中葉成為
工業強國，德意志雖然擁有豐富
的煤、鐵等礦產資源，但要到
一八七一年統一後，才朝向工業
化的國家邁進。此後，德國的工
業迅速增長。在二十世紀初葉，
它的鋼鐵生產量已超過英國，化
學工業則躍居世界之冠。當西、
北歐迅速發展工業時，美國也急
起直追，從獨立建國至第一次世
界大戰之前，美國工業的發展已

圖2-14　十九世紀歐洲海外移民日
　　　　增，這是一對年輕夫婦從英
　　　　格蘭搭船告別家鄉，神情落
　　　　寞、依依不捨的鏡頭。

超越西、北歐國家。在歐美，工業技術的發展變成各國彼此的競賽，因為國家的富強往往取決於工業技術的高度發展。

無可諱言地，歐美國家工業技術的高度進展，遠比過去任何時代更有能力開發自然資源、控制能源，並大幅度地提高經濟生產力，這種進展促使人類得以從農業的「匱乏」經濟轉向工業化的「富裕」經濟。配合醫療技術與營養學的進步，以及環境衛生的注重，人類的平均壽命提高，嬰兒出生的死亡率降低，這些因素造成歐洲人口的遽增，據估計，歐洲人口在一八七○年左右為二億九千五百萬，到了一九一四年，大約有四億五千萬人。在十九世紀初葉，英國的社會學者馬爾薩斯（一七九九～一八三四）注意到人口的遽增對歐洲社會帶來的壓力。人口遽增造成失業率的增加，因而帶來了歐洲的移民潮。據估計，自一八七五到一九一○年之間，歐洲約有兩千六百萬人移民海外，其中有一半以上前往美國，尋找新的就業機會。

隨著工業化的進展，歐洲各地工業大城林立（如英國的伯明罕、法國的里爾），城市也因農村人口的大量移入，其規模亦大幅度擴展，造成「都市化」的現象。城市匯集各種階級與文化的民眾，容易形成階級與文化的對立衝突，但是另一方面，歐洲的大都會（如倫敦、柏林或巴黎與維也納）也因各種不同的階級、種族與文化的匯流，而消融階級與文化的隔閡，孕育出「普世性」的文化趨向。歐洲都市化的另一結果乃是造成城市與鄉鎮之間，不論是生活風格與文化價值的對立，鄉鎮人民的厚重樸質、知足樂天與城市居民的靈巧機敏、貪求無厭，常成為十九世紀小說家（如英國狄更斯）敘事的題材。

工業技術的進展及其影響並不局限在歐美地區，也延伸擴展到亞、非與南美地區，科學技術及其知識、工業生產模式以及工業化之文化（如講求實證、效率與功利的心態），擴散與普及到全世界，從

十九世紀末葉開始逐漸造成「全球化」的趨向。但是在這過程中，世界各國在資本主義經濟市場中的競爭，以及軍事武備的競賽激烈，一旦觸發戰爭，會帶來全球性的毀滅結果。

工業技術及其生產方式的全球化擴展，不斷地衝擊亞、非與南美洲地區。直到二次大戰結束之前，這些地區大部分皆被歐美國家殖民統治過。在從事殖民統治的過程中，歐美國家移植了工業技術及其生產模式到這些地區，大大地衝擊了這些地區舊有的經濟活動、社會組織、政治體制與人文思想。一九四五年之後，這些地區擺脫歐洲的殖民統治，獨立建國後，它們必須跟隨歐洲先進國家的腳步，邁向工業化社會。這些國家為了加速工業化的發展，採取集權統治途徑，俾能以國家的權力來主導工業政策。但是人民教育水準的低落，不易培養出科學技術的人才以及發展商業貿易所需的資產階級；同時，為求得工業化發展所需的大量資本，政府只能高築外債，但在缺乏廉潔有效率的行政管理，以及政府各級官員貪汙腐敗的情況下，這些國家的工業化進程不但舉步維艱，而且往往陷入政治社會的動盪不安。因此，從世界史的角度來看，歐洲國家在工業全球化的擴展中，依舊處於一個強勢之地位；非西方地區，特別是東南亞、南美與非洲地區，仍擺脫不了政治、社會與經濟的動盪。

問題與討論

一、歐洲的科學革命帶來了天文學與物理學，這些科學理論對十八世紀的工業革命帶來什麼影響？

二、以英國的歷史經驗說明實業家或資本家跟發明家是如何合作的，進而促成工業革命的產生。

三、工業革命需要什麼樣的政治環境？

四、時代在變、社會也在變。請訪問上一、二代的人，將他們所居住地方（城市或鄉村）的社會生活和風氣改變的情形記錄下來，並請教其看法。訪問紀錄應包含下列各項目：被訪問人姓名、年齡、職業、性別、訪問地點、時間、被訪問人和訪問人的關係等。作業活動可採書面、照片、錄音帶、實物等方式呈現。

五、在工業革命發展的初期，農業革命時扮演著推進的角色。請說明農業革命對工業革命發展的貢獻。

第三節　法國大革命的起源與發展

法國大革命的重要性

　　法國大革命[2]是近代歐洲史上一次至為重要的革命，影響既深且鉅。主要的原因是：1.發生在歐洲勢力最強大、人口最多的國家；2.範圍廣大、程度激烈，不僅涉及了國王與貴族，也包含了中產階級、農民與城鎮市民；3.對法國歷史乃至對世界其他國家也深具意義。除了影響到歐洲十九世紀上半葉的政治動盪外，也鼓舞了中南美洲的獨立解放運動。

圖2-15　圖為凡爾賽宮外面一景，宮廷內外占地甚大，有水池、園林，供王公貴族欣賞之用。

2　法國大革命發生的時間，狹義上係指一七八九至一七九九年間所發生的事。廣義上應始於一七八七年，止於一八一五年。因在拿破崙執政期間，大革命所確定的事物，大部分仍被保留下來，並將之推廣到法國以外的地區。

大革命爆發前夕的法國

　　革命主要因財政危機而起，但革命的社會背景也頗爲重要。首先，法國是典型君主專制的國家，行政體系疊床架屋，官僚貪腐無能。法王從事耗費龐大的對外戰爭，拖垮政府的財政，尤其是介入美國獨立革命（一七七五～一七八三），造成巨額戰債，使財政更加岌岌可危；其次，舊社會中根深柢固的特權制度，已成爲社會中、下階層人民痛苦的根源。占全國百分之二、享有特權的貴族與高級教士，因不滿國王及其大臣的權力過大，希冀另立新制度以維持其特權；第三，伴隨海外貿易擴張而崛起的資產階級，如商人、工業家、銀行家、律師等，也期望能獲取更多經濟上的自由與政治權力；第四，占全國人口百分之八十的農民，雖已擁有某種程度的自由及土地，但仍普遍爲殘存的封建特權所苦，須向地主提供勞役與繳納種種費用。第五，最讓農民詬病的莫過於不合理的稅賦負擔。貴族、教士坐擁財富，憑恃特權不必納稅，而龐大貧苦的農民卻須擔負起國家大部分的稅收。第六，城市工人的境況也頗爲艱困，物價上漲，工資未見提高，卻沒有充分有效的溝通管道，內心自然憤恨難平。此外，受啓蒙運動民主政治學說影響的知識分子，多所議論，力倡改革，期待更合理的政府出現。最後，一七八○年代，法國的財政及經濟均陷入極度困難之中。沉重的戰債導致政府破產，加上一七八八年農作的歉收，影響物價急遽上漲，工業蕭條，失業人口暴增。就是在這樣深刻的社會及經濟危機中，使得一場原本要求有限的改革，擴大成爲波瀾壯闊的革命。

圖2-16　盧梭（一七一二～一七七八）是民主政治的先導者之一，主張人民乃國家的主體，政府不過是人民「公共意志」的代理人。

圖2-17　一七七四年，路易十六繼路易十五之後成為法國國王。他是個心地善良卻軟弱的人，當革命威脅到來時，他試圖與各個階層妥協。結果，不僅王位不保，還被送上斷頭臺。

圖2-18　西元一七九三年，法王路易十六被送上斷頭臺，斬首示眾。

大革命的發展

　　西元一七八七年法國政府的財政已瀕臨破產邊緣，爲解決財政危機，法王路易十六（一七五四～一七九三）擬向特權階級徵稅，以支應龐大的戰債與歲出，但遭到反對。法王無奈，只好召開久未舉行的三級會議。

圖2-19　巴士底監獄是王權和貴族專制統治的象徵。一七八九年七月十四日，民衆攻陷並拆毀這座用做監獄的王室古堡，代表了人民向王權挑戰的決心。

　　一七八九年五月，教士代表三百人、貴族代表三百人聚集開會，但平民卻被排除在外。平民代表爲爭取更多的政治權力，以投票表決程序問題爲由，率先發難，另組國民會議。法王干預未果，遂答應將三級會議改組爲國民會議，但暗中調動軍隊前往巴黎，欲施加壓力。消息傳出，巴黎市民憤慨，攻陷象徵專制的巴士底監獄。隨後，各地人民紛紛驅逐王室官吏，法國行政體系瓦解，政權落入國民會議手中。
　　國民會議執掌政權後，曾推動多項重要的改革，其中包括頒布

「公民及人權宣言」³，保障人民自由、平等諸權利。一七九二年八

---

3 「公民及人權宣言」係由國民會議於一七八九年八月二十七日公布。全文如下：

「公民及人權宣言」

　　法國人民代表所組成之國民會議，慮及政府腐化與大眾不幸之唯一原因，在於對人權之無知、不理及輕視所肇致，決議起草一篇莊嚴的宣言，闡釋有關人不可侵犯的自然和神聖權利：此宣言在於使社會全部成員時刻銘記，俾使其永遠注意其權利與責任；使立法及行政機構之行動，在任何時刻均與政治機構之目標配合，且使其更加受人尊重；使公民之要求，由此建立在簡單及不起爭議的原則之上，而可永遠達成維護憲法及公共福祉之目的。

　　據此，國民會議於最高生命面前及監視之下，承認及宣布下列有關公民及人之權利，公諸於世：

第一條：人生而自由，權利平等。惟因後天公共服務角色上扮演的不同，才造就社會身分的區別。

第二條：所有政治結社之目標，在於維護人類自然不可侵犯剝奪之權利。這些權利意指自由、財產、安全及反抗壓迫。

第三條：所有主權之原則，基本上建立在全國人民之上。任何機構與個人若無全國人民明白同意之賦與，不可逕行權威。

第四條：自由存在於不傷害他人的能力之中。任何人自然權利之行使均無限制，除非有必要保證社會其他成員享有同樣權利。如此限制唯有根據法律方可決定。

第五條：法律只有權禁止傷害社會的行為。法律未禁止的任何事都不得加以阻撓，法律未規定的事也不得強迫任何人為之。

第六條：法律是普遍意志的表達，所有公民都有權親身和經由代表參與其制定。法律對全體公民必須是相同的，不論是施行保護或懲罰皆然。全體公民在法律之前一律平等。是以所有公民均可根據能力平等地擔任一切公職、享受公共榮銜及獲得僱用，除有德行和才能之差別外，不得有其他差別待遇。

第七條：除非經由法律所規定之程序與涉及其所決定之案件，任何人均不得被起訴、逮捕或拘禁。凡鼓動、加強或令人執行專斷命令的人，均應懲罰；任何由法律傳訊或逮捕之公民均應立刻服從，若有反抗，即屬有罪。

第八條：法律只規定確實需要和顯然不可少的懲罰，除根據已經制定和公布，並依法執行法律外，不得懲處任何人。

第九條：任何人在被判決有罪以前都是清白的；如有必要將之逮捕，所有與扣留人身所不需要的各種嚴厲措施均應立法嚴加禁止。

第十條：任何人都不得因其見解，甚至宗教上的見解，而受到干擾，只要其宣示未破壞法律所建立的公共秩序。

第十一條：思想與意見的自由溝通是人權最可貴的一部分，是以所有公民均能自由發言、寫作與出版，但濫用法律明文規定之自由者，應擔負責任。

第十二條：維護人權是公安力量設立之目的。是以公安力量應為全體人民而設，不得為任何私人利益而設。

第十三條：為維持公安力量及支付行政費用，徵收公稅是必要的，唯這種公稅應該根據全體公民之納稅能力，公平分攤。

第十四條：所有公民均有權利經由自身或透過代表，確定公稅之必要性，自由行使同意權，追蹤其支用之過程，並決定如何分配、徵收和期限。

第十五條：社會有權利要求所有公共行政單位負責任和提出說明。

月，當路易十六的專制政府被推翻時，法國革命分子根據國民會議制訂的憲法，召開新國會，稱做國民公會。這個新成立的制憲會由七百四十九位代表組成，包括了商人與各行各業的專業人士。他們在同一年的九月取消專制政府、建立共和體制，並制訂新憲法。唯普、奧二國勢力介入，干預革命，並籌組聯軍進攻法國。國民公會為抵禦外侮和撲滅國內反革命的勢力，乃號召青年投入戰場，並屬行恐怖統治，大肆鎮壓、逮捕有嫌疑的反革命分子，許多無辜的人民因而受到波及，慘遭殺害。

　　直到一七九五年國民公會因對外戰爭失利，以及整肅異己，改革熱情消退，加以執政團貪腐無能、經濟危機日益加深。一七九九年青年軍官拿破崙（一七六九～一八二一）深知人心思變，乃憑藉戰功，發動政變，取得政權，開啓了「拿破崙時代」（一七九九～一八一四）。

圖2-20　一七八九年八月二十七日，法國公布「公民及人權宣言」。宣言闡明關於自由、財富和安全的基本原則。一位法國史學家說：「它相當於是舊制度的死亡證書。」

第十六條：任何社會若無權利保證，又無明文規定權力分立，即無憲政可言。
第十七條：財產是一項不可侵犯的神聖權利，除非法律判定為公共必須且理由明顯，並予以公平及事前補償，否則一概不得剝奪。

大革命的影響

法國大革命，對於十九世紀以後的世界造成重大影響。首先，法國大革命摧毀了君主專制，確立了民主共和的理想，宣稱國家權力必須受憲法的約束，人民的權利必須受到保障。其次，法國大革命掃除舊社會中貴族與教士的特權，強調人民作為國家的公民，在法律之前的平等地位。最後，法國大革命宣導的「主權在民」與自由、平等的理念，激發十九世紀德意志、東歐地區與俄羅斯的民主與民族獨立運動。

拿破崙的崛起

拿破崙誕生於地中海的科西嘉島，畢業於法國軍官學校。革命初期還只是一位低階軍官，一七九三年，法國南部土倫城居民獲得英軍援助，反對羅伯斯比的恐怖統治，拿破崙受命擊退英軍、收復土倫城，開始在法軍中嶄露頭角，時年二十四歲。督政府時期，他鎮壓保皇分子的武裝暴動，恢復巴黎秩序。一七九六年法國陷入通貨膨脹、軍需不足的窘境，拿破崙帶領了一支衣衫襤褸、半飢餓的軍隊，

圖2-21 羅伯斯比（一七五八～一七九四）是法國大革命時期著名的領袖，他信奉盧梭的哲學，以拯救人類為第一要務。

展開往義大利的征途。事隔兩年，於一七九八年遠征埃及屢建軍功，震驚歐洲各國，各國遂結成反法聯盟，威脅著法國邊境。一七九九年拿破崙趁機返國，發動政變取得政權，成為「第一執政」，逐步邁向獨裁，一八○四年經公民投票贊同，正式即位為皇帝。

帝國的擴張與失敗

　　拿破崙在位時，法國勢力達到顛峰，先後擊敗奧、俄、普等國，並於一八○六年取消神聖羅馬帝國的稱號，將被征服的土地分封給子弟親貴。整個歐洲大陸幾乎都在他的掌控之中。

　　法國統治歐洲不久，激起各國的民族主義。拿破崙為了屈服英國，實行大陸政策，禁止英國貨物輸入歐陸各國，打擊工業革命後英國的工商業。英國以優勢的海軍反封鎖，嚴禁歐洲以外各國將貨物運往拿破崙控制的地區，導致歐陸各國人民不滿，起來反抗拿破崙。同時，西班牙以游擊戰與法軍展開長期纏鬥的「半島戰爭」，英國派兵支援，也給法國帶來很大的打擊。

　　拿破崙在一八一二年發動了規模空前的征俄戰爭，結果失敗。戰爭初期，法軍節節推進，俄軍誘敵深入，實行焦土政策，莫斯科大火，燒毀了大半個城市，迫使法軍撤退。該年嚴冬早至，法軍在飢寒交迫中遭到重大挫敗。英、俄、普、奧、瑞典等國組成聯軍，在英國威靈頓公爵的領導下，於萊比錫大敗法軍，攻陷巴黎，拿破崙被放逐到地中海的厄爾巴島。不久，拿破崙潛回法國，重登皇位，受到舉國歡迎，然最後在滑鐵盧一戰中被聯軍徹底擊潰，流放於大西洋中的聖赫勒拿島，抑鬱而終。

圖2-22　一八一二年拿破崙率領六十萬大軍入侵俄國。俄人爲避免決戰，採取堅壁清野的辦法，撤離市民，放火焚燒莫斯科。拿破崙只好下令撤退，但這年的冬天來得特別早，酷寒和飢餓幾乎摧毀了法軍。

拿破崙的成果

　　拿破崙建立一個新舊秩序混合的帝國。在取得政權後，擬定許多法規和制度，如廢除封建，配合個人獨裁，行政長官由他委派以提升行政效率；建立各級學校制度及帝國大學，使法國教育發達；整頓稅制，設立法蘭西銀行成爲發行新貨幣與金融中心。拿破崙最大的成就是編纂了《拿破崙法典》，他召集著名的法學家們成立編選委員會，依據大革命的成果，參考《羅馬法》等法典，以維護新興資產階級利益爲原則，進行編纂工作。這部法典站在保護資產階級的私有財產、小農土地所有權以及公民平等、契約自由等原則的立場上，使人民享

有信仰、選擇職業、生命財產等權利，對以後資產主義國家的立法影響很大。拿破崙的各種措施，使得法國於大革命後免於政治、經濟與道德的紊亂。

十九世紀前期歐洲的政治局勢

拿破崙稱帝期間，英、俄、奧等國籌組聯盟，準備進攻法國。拿破崙先發制人，不但一舉擊潰聯軍，還占領或支配歐洲大部分地區。一八一四年，聯軍全力反攻，拿破崙被迫退位。戰後為重建歐洲的新秩序，列強在奧國召開維也納會議，根據「正統」和「補償」等原則，決定恢復舊王室統治權，重新劃定歐洲各國的舊疆界，以維持歐洲的均勢。這次會議為歐洲帶來一段和平歲月，數十年間，歐洲未再發生大規模戰爭。但參與和平會議的高層人士，忽視了歐洲各國民情、人心思變的事實，竭力維持政治現狀，讓保守勢力再度抬頭，埋下了衝突的因子。當時復位的歐洲舊王室一味致力於恢復固有的專制特權，而受過法國革命洗禮的一般民眾，則醉心於自由、平等、民主和憲政理想的追求，統治者與被統治者間的思想落差很大，加上工業革命後，勞資對立與貧富懸殊問題日趨嚴重，社會衝突與日俱增。針對變遷的時局與動盪不安的現況，新的政治及社會理想乃應運而生。

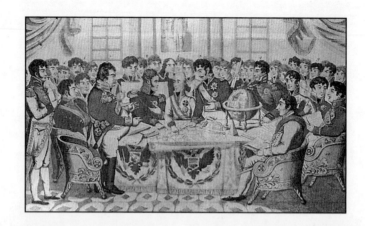

圖2-23　維也納會議：在拿破崙的統治下，歐洲產生極大的變化。但參與維也納會議
　　　　的政治人物，因未能尊重新興的自由和民族主義運動，於是造成歐洲部分國
　　　　家內部的動盪與不安。

圖2-24　一八四八年三月，奧京維也納的外
　　　　交部門口聚集大批人潮，他們高
　　　　呼：「打倒梅特涅！吊死他！」這
　　　　時，首相梅特涅並未下令軍隊開
　　　　槍，反而逃往英國。消息傳來，群
　　　　眾歡呼不已。

圖2-25　一八四八年三月十八日，
　　　　米蘭市民首先起來反抗奧
　　　　國的駐軍，經過五天的戰
　　　　鬥，奧軍退出該城。

問題與討論

一、請探全班分組或每位同學獨立研究的方式，閱讀「公民及人權宣言」全文。
　分析「公民及人權宣言」所呈現之精神與特色，並發表個人的感想。

二、法國大革命以前，西歐各國主要是雇用職業軍人從事戰鬥。大革命期間，國
　民會議曾制定徵兵法，規定十八至二十五歲的法國青年均需服役，這是近代
　歐洲史上施行徵兵制的首例。請討論：
　1.法國實行徵兵制的原因；2.徵兵制的優缺點。

第四節　近代社會與文化變遷

　　資本主義市場經濟與工業革命改變了歐洲的社會結構與文化型態。從社會的結構來看，歐洲發展出大都會、普及化教育以及專業知識的職業分工，人民經濟所得提高，社會型態改變，從生產性社會逐漸發展成消費性社會。傳統社會「別尊卑，明貴賤」的等級秩序與專制王權也跟著鬆動，所謂的「舊政制」在法國革命中整個崩解。經濟、社會與政治的劇變也促使文化的變遷。

工業社會與文化的基本特徵

　　在工業社會的經濟體系裡，實業與貿易自由發展，擺脫政治與宗教的操控。影響近代社會結構的政治權力、經濟體系、宗教信仰與社會組織各自獨立，交互影響。譬如以十八世紀英國的歷史經驗來看，資本主義的市場經濟必須配合憲政法治、國家的基礎建設與科學技術的發達，才有健全進展的可能。

　　工業社會鼓勵知識與科技的多元發展，重視經濟與工業的成長，講求技術之效率，以及職業平等與尊嚴。工業社會肯定個人主義，給予個人更多的選擇，並容許個性的表現。每一個人皆可以基於各種目的與興趣相互結社，形成合作團體。工業社會不依賴某種大一統的宗教信仰（如基督教），或者高壓的政治統治，以凝聚人民之向心力。

　　自十九世紀中葉以來，工業社會內在衝突不斷，民主憲政提供了疏解的管道。憲法規範了國家行政運作，保障公民的基本權利，允許公民有參與政治的自由。公民透過定期的選舉，更換國家的領導者與

議會代表。利益的衝突與政策的
爭議,透過協商與制度之程序,
謀求共識。

　　工業社會經濟繁榮,人民購
買力大幅度提高,加上資本主義
經濟刺激商品消費,歐洲的大都
會出現了大眾消費的型態。自
十九世紀中葉以來,歐洲各大都
會,如巴黎、柏林與倫敦,百貨
公司以及各種消費場所林立。歐
洲近代的消費主義於焉誕生。

圖2-26　十八世紀新興的資產階級。

資產階級與近代歐洲文化

　　近代歐洲文化形成與資產階級的興起有關[4]。資產階級推動資本
主義經濟的發展,成為新興的社會階級。他們孕育了近代的企業精
神、個人主義的作風,亦接受新觀念。在宗教改革時期,他們信奉
馬丁路德與喀爾文的新教,培養出勤奮、節儉與誠信的工作倫理。
十七、十八世紀,他們崇尚新的科學知識,倡導啓蒙時代的理性主
義、功利思想。這批新興的資產階級對抗封建舊政制的貴族特權與等
級社會,崇尚自由主義的信念,熱愛政治的自由與平等。十七世紀

4　資產階級一詞源於法文,指居住在「城堡」之新市鎮的人,大都從事商業活動。他們不屬於中古封
　建莊園的體系,活動較為自由。

英國的光榮革命、十八世紀美國的獨立與法國的革命，資產階級皆扮演重要的角色。十九世紀，資產階級贊助戲劇、音樂與藝術的活動；歐洲各大都會的沙龍、劇院、音樂會都是資產階級人士的聚會之地。十八世紀之後，小說之創作形式的發展，也跟資產階級之閱讀群的增加有著密切的關係。資產階級的生活態度、倫理觀念與政治意識型態也成為十九世紀中葉寫實主義小說敘事的題材。同時，資產階級的藝術品味也深刻影響小說的風格。

資產階級的自由經濟理念

資產階級的城市商業活動日趨活躍。他們喜愛自由、崇尚平等和肯定城市自治的理念。「城市的自由空氣」正是中古末期資產階級心境的寫照。文藝復興時代義大利城邦發展出來的個人主義進一步強化了資產階級的作風：肯定個人的自我表現，強調個人有權利選擇他認為有價值的生活方式，不受其他人（包括國家與社會）干涉。市民共同參與，以及承擔公共事務，並選舉執政官，培養出資產階級的民主理念。

資產階級都從事貿易與金融行業，中古時期，經商營利事業，特別是高利貸，違反基督教的施捨精神以及自給自足的生活方式。當時教會聲稱「富人進天堂如同駱駝穿針眼」。資產階級如何合理化他們的行為，便成為重要的課題。喀爾文的新教倫理提供了思想上的解決之道。「因信而得救」，宣揚個人憑其良知見證上帝神恩而得救贖，這種信仰肯定職業的平等與尊嚴，強調從事各行各業者只要心存宗教良知，即是功德。因此商業的財富累積不但不是罪愆，反而可以見證

上帝的神恩。新教倫理[5]對於十七世紀資產階級的商業擴張提供合理化的意識型態，也大致成爲資產階級的宗教。

十八世紀，蘇格蘭啓蒙思想家，亞當・史密斯（一七二三～一七九〇）進一步肯定人類追求經濟利益的動機與行爲。他強調個人對私利的追求，只要透過市場機制的調節以及國家法律的規約，即可達成公共利益的整合。針對資本主義的市場運作，國家只提供良善的公共建設與法治的條件，而不做過度的干預。這種「放任經濟」的思想成爲十九世紀資產階級經濟自由主義的根源。

圖2-27　亞當・史密斯。蘇格蘭啓蒙思想運動的偉大政治經濟學家，他倡導「自由放任」的經濟思想，強調經濟市場的運作由「一雙看不見的手」主導，政府不應做過度的干預。

5　「新教倫理」概念是二十世紀德國社會學家韋伯在《新教倫理與資本主義精神》一書中提出的，他運用此概念來解釋資本主義得以有力發展的宗教因素。新教在此特指喀爾文的教派，此教派的教義肯定信徒憑其堅定的信仰，不必透過教會與教士的媒介，可以直接會通上帝之神靈，但是任何教徒並不知道他是否可以蒙受「神恩」而得救贖，因爲上帝已預定誰得以獲此恩寵。新教徒爲了證明自己是上帝預定的「選民」，因此在世間刻苦、勤儉，從工作中累積功德，換句話說，新教徒把工作當成是上帝的「召喚」，是一種天職，由於在資本主義發展之地區（西歐），大部分人皆信奉新教，韋伯遂把此宗教信仰解釋爲資本主義的精神內涵。

十九世紀的文化與思想

　　十八世紀末葉至十九世紀中期，歐洲的文化與思想出現了一股新趨勢，一般稱之爲浪漫主義。這股新思潮的興起，以法國盧梭（一七一二～一七七八）爲關鍵人物。他雖受十八世紀啓蒙運動思想的影響，卻不滿啓蒙時期的理性主義漠視人類情感的重要性。盧梭因而強調人類情感的教化意義。

　　在文學方面，英國詩人拜倫（一七八八～一八二四）、濟慈（一七九五～一八二一）承襲德國的「狂飆運動」[6]開創浪漫主義的文學創作。法國，自一八三〇年代興起了寫實主義，以巴爾札克（一七九九～一八五〇）與史丹達爾（一七八三～一八四二）爲代表；哲學方面，德國的哲學家叔本華（一七八八～一八六〇）與尼采（一八四四～一九〇〇）開啓「反啓蒙」的思想[7]；音樂方面，德國作曲家貝多芬（一七七〇～

圖2-28　法國寫實主義文學作家：巴爾札克。

6　「狂飆運動」乃指發生於十八世紀末期德國的文藝思潮。其名稱來自當時劇作家克林格的劇作「狂飆與突進」。此運動讚揚自然和提倡個人主義，力圖推翻啓蒙思想運動的理性主義。該運動也常被指稱是浪漫主義的早期階段，歌德與席勒是此文藝思潮的代表。

7　針對啓蒙時代的思想，浪漫主義的哲學家，如叔本華與尼采，則懷疑人理性具有的道德力量，批判理性主義的抽象性。他們揭示人的意志乃是行動的根源。人的生命充滿偶然性、衝突與鬥爭，並非由理性所主導。另一方面，浪漫主義的文化歷史家，如赫德抨擊啓蒙思想以理性的普遍主義否定人文化生活的特殊性，他強調人的社會與文化的歸屬與歷史意識的重要性。歷史與文化的研究也成爲浪漫主義時代學術研究的重要課題。

一八二七）承續古典主義之音樂，開創浪漫主義創作之風格。

　　浪漫主義針對工業化社會與啓蒙思想，提出強烈的批判。浪漫主義者反工業革命、批判工業社會造成大量的失業人口，剝奪了勞工的健康、生命與福利，帶來了陰鬱、孤絕的都市生活；另外，浪漫主義者也指責工業社會隔離了人與大自然的親和。馬克思與社會主義則激烈地批判資本主義社會與資產階級的政治文化。他們抨擊資本主義社會塑造出人自利、貪婪、虛榮的傾向，激發人漫無節制的野心，並且將人際關係轉變成金錢交易。

圖2-29　十九世紀英格蘭地區，教會在街頭救濟飢民的活動。當時的資產階級指責這種一視同仁的救濟會助長窮人好吃懶做的習性。

問題與討論

一、近代社會有何顯著特色？工業革命與法國革命對此一社會的形成有何影響？

二、歐洲資產階級如何促進近代文化的形成？

三、喀爾文的新教與歐洲資產階級的「工作倫理」有何關係？

四、十九世紀浪漫主義對資產階級的經濟社會與啓蒙時代的思想，提出什麼批判
　　觀點？

第三章　新思潮、新國家與新社會

　　法國大革命與工業革命以來，歐洲各國因受到法國革命思想、拿破崙統治、工商業突破性發展的影響，資產階級要求自由民主蓬勃發展呼聲漸大，民族主義、自由主義和社會主義等思潮興起。歐洲民族國家，民主政治誕生。美洲大陸齊頭並行。亞、非各地，待第二次世界大戰以後，才迅速往前邁進。

　　二十世紀上半葉，先後爆發了兩次世界大戰，對人類物質與精神文明傷害頗鉅。經歷了種種戰爭的摧殘與破壞，人們更加推展世界和平運動。

第一節　近代政治思潮

法國大革命後，歐洲知識分子呈現保守與激進的兩種對立政治思想。在英國，保守主義興起。在德意志，馬克思（一八一八～一八八三）嚴厲地批判十九世紀的資本主義與工業化社會的種種弊端，特別是資產階級對勞工的剝削，建立了「無產階級革命」理論。拿破崙的入侵激發了日耳曼人的民族意識，加上「狂飆運動」風潮，促成了近代的民族主義。此外，十八世紀自由主義也在這段時期受到工業主義、社會主義與民族主義的激勵而有進一步的發展。

圖3-1　影響近代社會既深且遠的哲學家：卡爾‧馬克思。

保守主義的基本概念

英國的保守主義源自艾德蒙‧柏克（一七二九～一七九七），他在一七九○年代寫成《法國大革命之反思》，為歐洲保守主義提出三項基本觀點：1.否定革命的立場，革命雖然起源於人類高貴的政治理想，譬如抵抗壓迫、追求自由與建立民主憲政，但是革命的進程卻釋

放了野蠻、殘酷的暴行，導致暴民政治、恐怖統治以及獨裁政權。
2.改良主義的觀點，政治與社會的改革如果必要，溫和漸進的改良步驟是比激進、暴烈的全盤式革命來得有效。3.傳統主義的觀點，人不是光憑分析理性與抽象原則來引導他的生活，也依賴社會傳統所提供的習尚與成規。傳統是經過長期歷史演化而來的，累積無數世代的努力與智慧成果。每一個人皆活在這個傳統的生活脈絡當中，他的行動能力，以及享有的福祉也必然在這個傳統脈絡中得以培育與發展。

　　柏克的保守主義深遠地影響了歐洲統治階層與知識菁英，成為十九世紀以來相當活躍的政治思潮。

圖3-2　英國政治思想家艾德蒙・柏克。他是保守主義的奠基者，肯定傳統秩序的合理與正當性，嚴厲抨擊以革命手段改造社會的作法。

圖3-3　社會主義思想家：浦魯東。

社會主義與馬克思主義的興起

　　西元一八三〇年代，社會主義登上歐洲公共論壇，代表抗議社會之不公不義的激進立場。當時宣揚社會主義最有利的思想家乃為法國的浦魯東（一八〇九～一八六五）。他繼承了聖西門（一七六〇～一八二五）與傅利葉（一七七二～一八三七）的思想，影響後起的巴枯寧（一八一四～一八七六）與馬克思。就社會主義的發展而言，馬克思與恩格斯居一關鍵性的地位；在此之前，社會主義一般被稱為「烏托邦式的無政府主義」，以浦魯東的社會主義為例，他批判「私產制」（或私人財產制），宣稱「財產即是盜賊」，認為「私產制」是暴政之基礎。不僅如此，他亦提倡「反國家」的革命理想。國家，在浦魯東的眼裡，只不過是一種剝削人民財產、控制人民思想與行為的機器。依據這種批判觀點，浦魯東進一步倡導公正、博愛的理想社會。但他除了主張用武裝革命，推翻既定的國家體制之外，並沒有提出如何建立理想社會的方案，故流於空想。社會主義經由馬克思與恩格斯的努力，不再只是批判社會的言論、社會公義的道德呼籲，而是嚴謹的理論體系，以及具體的革命方針。馬克思與恩格斯遂成為社會主義

圖3-4　馬克思與恩格斯彼此間的信函：工業革命發動後，獲得暴利的工廠業主和工資微薄的工人恰成鮮明對比。思想家於是起而要求社會改革。馬克思是主要的代表人物之一。一八四八年他和恩格斯（一八二〇～一八九五）共同發表共產黨宣言。

的代表。

　　社會主義與馬克思的主要中心思想有下列二項：1.取消私產權，主張在民主政體下，土地與資本能夠公有公享，產業與貿易不能任憑市場供需決定，而應由國家統合與規約。藉此，國家方能防止資本家壟斷資本，進一步進行經濟的公平分配，以及實現公共利益政策。2.代議民主制不是唯一的民主形式，民主的本質是被壓迫者（無產階級）與壓迫者（資產階級）不斷地鬥爭。馬克思更將階級鬥爭解釋為人類歷史進展的原動力。

　　從十九世紀到二十世紀，馬克思與社會主義代表人類政治與社會理想，激勵了歐洲的勞工運動，啟發了歐洲民主國家社會與經濟的改革，譬如，取消童工制、改善工廠的環境、注重社會與經濟人權和促進福利政策的實施等。同時也深遠地影響俄羅斯與中國革命，建立了兩大共產主義政權。在一九八九年之後，蘇聯與東歐共產政權解體，中國共產主義亦轉向資本主義的意識形式。

圖3-5　馬克思的理念曾經吸引世界各地無數人，不分種族、文化、國籍，投入創造美麗世界的革命。

自由主義的發展

　　自由主義是歐洲啓蒙思想運動的產物。主要思想家有洛克、孟德斯鳩（一六八九～一七五五）、亞當‧史密斯（一七二三～一七九〇）與康德（一七二四～一八〇四），爲自由主義奠定了基礎。自由主義興起與近代歐洲的政治變遷、政局發展關係密切，包括：新舊教的衝突與戰爭、十七世紀英國的內戰與光榮革命、新興資產階級對抗封建貴族與專制王朝等。以這樣的歷史背景，自由思想代表抗議的精神，也表達激進的觀念。自由主義思想倡導宗教寬容，肯定人的自主性與天賦人權，強調憲政法治與權力的均衡，主張國家減少干預與經濟放任。自由主義符合商業資本主義發展，代表新興資產階級理念，形成一股強大的主流思潮。

　　法國大革命以後，自由主義受到革命事件衝擊，對革命做出回應。英、法兩國發展的自由思想（如上面所提到的英國柏克），批判革命激進主義，主張溫和漸進的改良主義。自由主義在強調憲政法治的同時，也倡議放寬民主選舉的資格限制，發展出自由憲政主義。同時，自由主義受到社會主義與馬克思主義的批判，由原本只注重政治自由的價值，進而關切經濟平等的價值。自由主義對於工業社會日趨緊迫的勞工問題，也提出解決的方案。法國思想家托克維爾（一八〇五～一八五九）在他的經典之作《美國的民主》一書中，直指歐美在民主化過程中，注重經濟平等甚於政治自由，因此，現代國家是要能負起經濟分配的職責，且不損害個人的自由。此外，自由主義也開始關切個人的社群與文化生活，密爾（一八〇六～一八七三）既肯定個人自我發展的自主性，也強調政治社會的「歸屬感」與愛國心。

民族主義的勃興

十六世紀以來，歐洲朝現代國家發展，培育民族意識與愛國心。發展至十九世紀，形成民族主義。民族主義的本質在於，國家整合出統一性的文化，形成「一個國家，一種文化」的政治型態。促使民族主義形成的歷史因素複雜，但主要因素有三：1.國家發展過程必須統合一定疆界的領土，也必須讓人民對國家產生忠誠的情感。國家統治階層必要運用人民的文化認同，其中語言統一最為重要。2.法國大革命在

圖3-6　十九世紀英國哲學家密爾。他重新思考個人與社會間的根本衝突原因與化解之道，嘗試依自由主義原則化解日趨尖銳的社會衝突。

憲法上確立民族統一的原則，為了實現這個原則，國家必須經由教育的途徑，培育人民的文化意識。3.拿破崙入侵德意志，激發德人敵愾同仇的民族意識。德人自覺軍事武力與物質文明無法抵禦強勢的法國，唯一的方式是強化本身精神文化的特質。同時，德意志的浪漫主義對抗法國啟蒙運動的理性主義，強調社會的責任重於個人的權利，肯定文化的歸屬才是人生命意識的本源。在浪漫主義的文藝作品和哲學的論證中，民族意識轉化成系統性的言論。當費希特（一七六二～一八一四）出版了《告德意志同胞書》時，民族主義成為國家與民族統一的武器。

問題與討論 ∎

一、依你個人生活所思，闡釋「保守主義」的意義，並參考柏克的保守主義論點
　　作一比較。

二、你認為現代國家是否需要民族主義以作為鞏固政治秩序的條件？

三、說明民族主義的意義，並解釋近代歐洲形成民族主義的歷史因素。

四、在尚未閱讀內文說明之前，你對馬克思與社會主義有多少了解？

第二節　歐美民族國家的形成與發展

十九世紀歐洲歷史的推動力：民族主義

　　十九世紀初葉，西班牙、葡萄牙的中南美洲殖民地人民，乘著拿破崙席捲歐洲之際，紛紛爭取自由與獨立，爆發了一連串殖民地反抗運動。此外，由於維也納會議的領土解決方案，罔顧方興未艾的民族主義思潮，使得一些民族陷於分裂或繼續遭受外國統治，歐洲各地出現一系列爭取獨立民族的自決運動。有的取得成功，有的遭到強國鎮壓。大體而言，至一八七一年為止，民族主義在西歐取得勝利。而在東歐與希臘，多在第一次世界大戰之前成為獨立的國家。

　　十九世紀歐、美各地追求自由與獨立的運動風潮，大大改寫該地區的歷史和版圖。

圖3-7　玻利瓦爾（一七八三～一八三〇）是一委內瑞拉將軍。一八二一年領導委內瑞拉走向獨立，以「解放者」聞名於世。

圖3-8　聖馬丁（一七七八～一八五〇），獻身於阿根廷和智利的獨立運動，被譽為「守護者」。

圖3-9　巴西的奴隸市場：由非洲輸入的黑人奴隸，是中南美洲各地主要的勞力。據
　　　　估計，巴西港口每年差不多運進五萬名黑人。

中南美洲的獨立運動

　　長久以來，西班牙實行隔離政策，引起殖民地人民的不滿。當時
殖民地政治權力主要操縱在西班牙出生的白人（稱「半島人」）手
中；出生於殖民地的西班牙人（稱「克里奧略」），雖擁有經濟實
權，卻無法分享政治權力，對此甚感不平。至於土著印第安人和外來
的黑人，在政治上更無地位。

　　受美國獨立和法國大革命影響，殖民地人民自覺，欲脫離西班牙
統治。一八〇八年拿破崙進兵西班牙，西屬的中南美洲人民乘機起來
反抗。英國唯恐拿破崙勢力擴張，遂大力支持獨立運動。到了一八三

〇年，中南美洲已有十個國家宣布獨立。

歐洲民族的獨立運動

　　基於維持歐洲均勢和考量強國利益，維也納會議決定將奧屬尼德蘭（今比利時）併入荷蘭。但兩地的語言、宗教、經濟利益和民族性皆不相同，合併後局勢不穩。當荷蘭國王堅持由荷蘭人出任比利時官員及決定頒布荷蘭語為官方語言時，比利時人隨即要求自治，但遭到拒絕，革命發生。幾經努力，比利時終於一八三一年宣告獨立。

　　十九世紀初期，整個巴爾幹半島由土耳其人統治。長期以來，土耳其人選派當地的希臘人（稱為「斐南瑞歐」）協助治理政教事務。這些人熟悉政治之後，領導希臘走向獨立革命道路。一八二一年獨立革命爆發並不順利，幸獲得歐洲各國的普遍支持。英國詩人拜倫（一七八八～一八二四）自願加入革命陣營，在各方努力下，希臘終於在一八二九年建立其王權。羅馬尼亞政府（一八七七）、塞爾維亞（一八八二）和保加利亞（一九〇八），到了十九世紀末、一次大戰前，也先後獲得獨立。

　　維也納會議後，奧國在歐洲最具影響力。由於奧國政府極端專制，境內種族又非常複雜，埋下分裂的種子。奧國大致可分為兩個區域：西半部是奧地利本土，東半部是匈牙利。其中匈牙利境內占絕大多數的馬札爾人，在經濟上過去受到奧人剝削，傾向民族獨立，一八四八年一度發動革命，爭取獨立。一八六七年奧皇與馬札爾人才簽訂協定，改稱「奧匈雙元帝國」，馬札爾人獲得完全自治。一直到第一次世界大戰後，奧匈帝國瓦解，匈牙利始正式獨立。

義大利的統一

　　十九世紀初葉,「義大利」只是一個地理名詞。境內邦國林立,除薩丁尼亞王室和教皇是義大利人之外,其餘各地均由外國人統治,其中以奧國的勢力最大。奧國採取壓制自由主義和民族主義手段,引起義大利人的痛恨,在愛國志士領導下,展開民族統一的運動。

　　最早起來反抗外族統治的是燒炭黨人,他們主張統一與憲政,並採取暴力和暗殺式恐怖行動,引來不少人的不滿。年輕的理想主義者馬志尼(一八○五～一八七二),組織「青年義大利黨」,掀起廣泛的復興運動,得到加里波底(一八○七～一八八二)的大力支持,以統一義大利及建立共和國為目標。

　　義大利的國家統一運動,最後是在薩丁尼亞國王伊曼紐二世(一八二○～一八七八)和首相加富爾(一八一○～一八六一)的領導下完成。一八五二年加富爾出任首相後,竭力進行國內各項建設,並爭取英、法等盟國的支持。一八五九年的薩奧戰爭,取得倫巴底與中部三小國領地,再以各種方式合併其他邦國。一八六○年加富爾又祕密援助加里波底,使他得以順利攻占義大利南部的兩西西里王國,並交由薩國統治。一八六一年義大利王國正式成立,初步統一完成。一八七○年乘普法戰爭,法國撤軍進占羅馬,並定為首都,統一終於完成。

圖3-10　馬志尼像。

德國的統一

我們現今所知道的德國[1]，在維也納會議時，將說德語、使用德文的獨立小邦組成一個日耳曼邦聯，就是大小不等、三十九個獨立的小邦。後來由普魯士國王和首相俾斯麥（一八一五～一八九八）將這些邦國統合而成一個國家。

十九世紀初期，日耳曼各邦掀起國家統一的思潮和運動，但至一八六二年，普魯士國王威廉一世（一七九七～一八八八）仍得不到國會支持，遂召回駐法公

圖3-11　加里波底年輕時就加入青年義大利黨，曾與馬志尼一同領導革命，後得加富爾的資助。

使俾斯麥出任首相。俾斯麥曾在國會疾呼：「日耳曼所望於普魯士的，不是自由主義而是實力。解決時代重大問題的，不是演講和多數的決定，而是靠鐵和血。」不僅贏得了盛譽，也加速日耳曼統一的腳步。俾斯麥對內實施加稅和擴軍，憑藉高度的智慧、剛強的意志和靈活的外交手腕，對外先後發動三次戰爭。首先，結合奧國掀起丹麥戰爭（一八六四），在一八六四年十月簽訂和平條約，德、奧共同管理什列斯威和好斯敦兩地。接著，為排除奧國的勢力，又挑起普奧戰

1　日耳曼與德意志實為同義的兩個名詞。前者是英文的譯音，後者是德文的譯音，同指現今的德國地區。本書為方便分別，將統一前的德國稱為日耳曼，統一後則稱作德意志，簡稱德國。

爭（一八六六），統一了日
耳曼北部各邦。最後發動普
法戰爭（一八七〇），擊敗
阻撓統一的法國。一八七一
年，普魯士國王威廉一世正
式即位為德意志帝國的皇
帝[2]。

　　統一後的德意志帝國，
工商業突飛猛進，積極推動
工業建設，增進勞工福利，
不到二十年的光景，德國躋
身強國。一八九〇年代後開
始向外侵略，加入國際競爭
的行列。

圖3-12　漫畫家筆下的俾斯麥：在政治舞臺上
大跳其舞，閃避各種障礙，藉以諷刺
俾斯麥的現實政治。

問題與討論

一、義大利建國三傑之一的馬志尼曾說過：「革命是必須的，是迫切的，國家現
　　正陷於四分五裂之中，若不經由革命，絕不可能使它統一。」另外，俾斯麥
　　在國會的出色演說也提及：決定時代大問題的，是靠鐵和血。推動國家的統
　　一與改造，革命是重要的方式。請問：以革命方式進行變革，其優點何在？
　　缺點何在？你贊同歷史上的革命嗎？
二、在義大利建國三傑中，你最欽佩誰？並說明原因。

2　「帝國」一詞並非指體制之結構，而是一種統一之象徵，藉此強化新建立的民族國家的正當性。

第三節　近代歐美民主政治的推進

工業革命是增進民主的動力

　　隨著工商業發達，中產階級財富日增，追求自由、民主的力量隨之強化，自由主義思潮勃興。歐洲方面，具民主傳統的英國，在緩進和平中推動民主政治改革。其他致力鞏固專制政治的國家，有的內部動盪，有的爆發革命，在幾乎流血中完成改革。至於建國立憲以來就已有民主基礎的美國，也在經歷一場內戰後，更加鞏固民主政治。

　　十九世紀自由主義思潮，主要是完成政治民主改革，例如採取立憲政體和實施成年男子普遍選舉權等。至於經濟和社會的民主，則要待到二十世紀才獲得普遍重視和落實。

和平推進改革的英國

　　光榮革命以後，英國專制王權宣告結束，議會不只是國家最高的立法機關，並擁有統治實權。雖然內閣制已萌芽，政黨政治也漸漸步上正軌之際，但十八世紀英國議會的議員選舉，仍由少數貴族、地主和富豪操縱指派，一般平民沒有選舉權。因此雖然具備了民主政治的形式，還不算是眞正的民主。一八三〇年代，英國又展開另一波民主改革，不但選舉權擴大，內閣制度強化，下議院權力增加，國民民主素養愈加成熟，成爲世界各國欣慕的對象。

　　英國議會分上、下兩院。上議院議員由政府任命世襲貴族和英國

國教的主教們出任。下議院議員三分之一席次由選舉產生，其餘則由
行政長官指派或由少數地主、行會遴選，席位分配極不合理。新興的
工業都市居民眾多，尚無代表進入議會；南部鄉村的衰廢市鎮，有的
已無人煙或是沉入海底，仍有代表席次。這些不合理的舊制，激起許
多人的憤慨，改革國會呼聲日益高昂。一八三二年主張改革的輝格
黨執政，通過國會改革法案：取消所有衰廢市鎮的選舉權，將騰空
議員的名額分配給新興都市；賦予家境小康的成年男子選舉權。工
人階層被排除在選舉之外，失望不滿，憤而走向激進改革的道路。
一八三八年在奧康諾（一七九六～一八五五）與婁維特（一八〇〇～
一八七七）等人領導下，發起「憲章運動」，提出幾項要求，包括：
成年男子普選、祕密投票、廢除議員參選財產資格限制和重劃選區
等。這些訴求雖然遭到國會的否決、政府的鎮壓，但工人處境漸受同

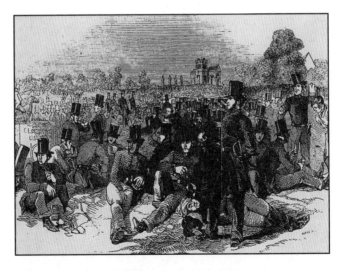

圖3-13　一八三九～一八四九年英國勞工發起「憲章運動」。急速工業化以後，英國
　　　　工人為惡劣的工作和生活條件所苦，深信只有使議會民主化，工人階級也進
　　　　入議會，才能推動立法，完成改革。

情，議會也陸續通過種種照顧工人的法案。到了一八八四年，英國議會取消選民的財產限制，包括所有勞工在內的全國成年男子都獲得了選舉權。到了第一次世界大戰期間，婦女運動興起。戰後，英國成年婦女也獲得選舉權。長期的波折，說明了全民民主的落實是通過不斷的努力爭取而得到。

圖3-14　英國文學家狄更斯。在他的小說中巧妙地道出這個時代的缺失：虛僞的貴族、中產階級的粗俗、都市貧民的不幸與苦難等。

　　十九世紀中葉，英國建立了內閣向下議院負責的慣例，若遭到反對時，首相和其閣員必須辭職。十八世紀時，英國上議院仍掌握議會實權。歷經十九世紀工業革命及民主政治的推展，由全民選出的下議院，權限日趨擴張，成爲英國眞正的立法機關。

在革命動盪中開展民主政治的法國

　　法國在大革命期間，國會宣布改制共和，並以通敵罪名處死國王路易十六，然卻未完全擺脫混亂的局勢。拿破崙稱帝，結束共和。維也納會議後，復位的法國舊王室醉心於鞏固專制政治，排除自由、民主的力量，引起人們普遍反感。十九世紀上半葉發生了兩次革命：一爲一八三〇年的七月革命，一爲一八四八年的二月革命。兩次革命期

間，腐敗的法王被迫退位逃亡。二月革命以後，法國再度改制共和，
國會宣布成年男子擁有普選權，並選舉拿破崙的侄子路易・拿破崙
（一八〇八～一八七三）為總統。路易效法其伯父行徑，樹立個人威
權，進而稱帝，結束共和。執政期間，對內提倡工商業，對外則繼續
擴展霸權，法國一時欣欣向榮，個人成為國際間的風雲人物。一八七
〇年普法戰爭爆發，路易兵敗被俘，帝制旋即崩潰，改行共和，稱為
第三共和。此後，法國共和政體確立，邁向民主政治。立法部門分設
參議院和眾議院兩個機構。總統由國會選舉產生，但無實權，主要權
力機構是眾議院和內閣。眾議院議員由成年男子普選產生，內閣由總
統選派。另外，法國也仿照英國憲政模式，建立內閣向議院負責的體
制。

　　十九世紀法國
民主政治發展，可
以說是法國人民反
抗獨裁政治的結
果。法國二月革命
爆發後，歐洲各國
也相繼掀起革命運
動。為了順應日益
增強的民主浪潮，
丹麥、荷蘭、比利
時、瑞士和薩丁尼
亞等國，也先後推
動立憲和成年男子
普選權的改革。

圖3-15　法國著名的政治家喬哈斯，在一九一三年五月
二十五日公開批判法國政府的內政法案，宣揚
改造第三共和體制（一八七〇～一九一四）以
促進民主公義的社會。

十九世紀中葉，美國民主政治的鞏固

　　十八世紀末，美國脫離英國殖民統治，建立獨立的國家。為建立統一的政府，一七八七年各州派代表群聚費城，制定新憲法：設計含括「分權」和「制衡」兩項原則的聯邦政府組織。立法權由參議院和眾議院所組成的國會執掌；司法權由各級法院執掌；行政權由總統執掌。美國總統擁有廣泛的權力，包括不對國會負責、有權否決國會議案，以及擁有任命內閣的權力，但不能解散國會。國會有權否決政府政策，但不能推翻政府。最高法院解釋憲法。此外，憲法中也明訂：除非特別規定的權限，聯邦政府不得干預各州。美國憲法是近代第一部根據民主學說制定的憲法，為美國民主政治發展奠定良好基礎，但也埋下了內部紛爭的種子。一八六一年爆發的南北戰爭，不只是黑奴問題，其實也是聯邦和各州權力衝突的結果。

圖3-16　一七七六年北美各殖民地的代表群集費城，於七月四日通過「獨立宣言」，揭示獨立的依據。宣言由傑佛遜（一七四三～一八二六）起草。

圖3-17　美國「獨立宣言」文獻。

　　十九世紀初年，美國利用各種機會，不斷向外擴張領土。隨著領土擴張和西部的拓殖，北方各州主張加強中央的權力，以維持工業發展所需的安定與秩序；南方則主張權力下放各州，縮減聯邦權限，開放自由貿易，以確保棉花的生產和市場。南北戰爭爆發，歷時四年，北方獲得最後的勝利。

　　戰爭結束，廢除奴隸制度，賦予黑人公民權，同時也修訂憲法，明令各州不得退出聯邦，並規定非經適當程序，各州政府不得剝奪人民生命、自由和財產等權利，提高了聯邦政府的權力，也確立美國為一不可分割的民主國家。此後，美國民主政治的基礎更加鞏固。隨後，工商業長足進步，各地相繼發現石油、礦產，世界各地的移民蜂湧而至，美國成為「世界民族的熔爐」。

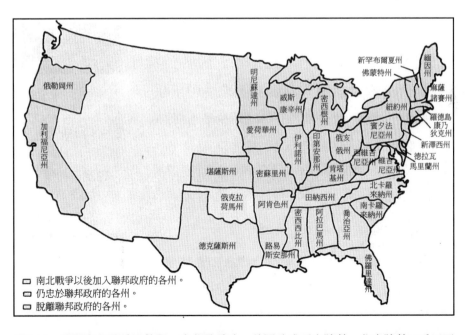

圖3-18　美國南北戰爭形勢圖：南北戰爭時，美國分成兩大陣營，北方陣營二千三百餘萬人口，而南方人口不足九百萬。戰爭過程艱苦而漫長，士兵死傷慘重，良田多被蹂躪，對美國經濟是一大打擊。

圖3-19　十九世紀美國南部黑奴生活的情形：一六一九年北美洲還是英國殖民地時，
　　　　就開始進行黑奴買賣。農莊主人給予黑奴沉重的工作量，監工的苛刻與不人
　　　　道皆嚴重威脅到奴隸的健康與生命。

問題與討論

一、十九世紀英、法兩國在民主政治的發展上，均有重大的成就。唯英國是在和
　　平漸進中推動，而法國則在革命動盪中度過。請問兩國發展方式差異的原因
　　是什麼？

二、十九世紀英國內閣制有進一步的發展。在某一議題上，內閣若遭到下議院的
　　反對，則必須總辭或解散國會，重新選舉，訴請全體國民來決定。換言之，
　　內閣必須遵循做為全民代表的下議院之意志行事。你認為英國的內閣制跟美
　　國的總統制有什麼不同？

第四節　極權政治與和平運動

兩次世界大戰

　　二十世紀前半發生了兩次世界性的戰爭：即第一次世界大戰（一九一四～一九一八）和第二次世界大戰（一九三九～一九四五）。

　　參戰國家訴諸人民狂熱的情感，動員龐大的人力、物力、技術和資源，全面投入戰爭，謀求最後勝利。兩次世界戰爭造成史無前例的慘重後果。據估計：第一次大戰期間，敵對雙方動員的人數總計達七千多萬人，陣亡者一千多萬人；第二次世界大戰軍民死亡數字更高達三千五百萬人左右。至於物資金錢的損失，更是難以估計。二次大戰期間除中國戰場，耗時最久，犧牲最重，損失難於估計外，其他交戰國的軍費共計一萬一千多億美元，比第一次大戰的損失高出好幾倍，可稱是歷史上最殘酷、最浪費的戰爭。

　　第一次大戰結束前後，歐洲各國的社會經濟危機加深。一九二九年爆發世界性經濟大蕭條，除了具有深厚議會傳統的英、美、法國和一些西北歐的國家外，許多國家的民主政治遭到嚴重打擊，走上極權政治的道路。國際形勢出現變化。幾個世紀以來，居世界領導地位的歐洲開始走向沒落，美、俄兩國則於第二次世界大戰以後，成為新強權。歐洲的衰落，導致殖民勢力的式微，促成亞、非各地民族主義的蓬勃發展。

現代極權政治的發生

　　二十世紀中葉，極權政治興起，歐洲民主政治遭受重挫，人民的
思想和行爲被嚴格管制，比過去專制政權還要專制。

　　第一個極權政權是於一九一七年由列寧（一八七○～一九二四）
領導成立的俄國共產黨所建立。義大利墨索里尼（一八八三～
一九四五）於一九一九年所成立的法西斯黨，和德國希特勒
（一八八九～一九四五）於一九二○年組織的國家社會黨（亦稱「納
粹」），一九三三年建立了現代極權政府。到了一九三九年，歐洲僅
餘十個國家尚維持著民主政體。

　　極權政治的興起，原因很多：戰後經濟破產，導致通貨膨脹、物
價上漲；社會凋敝，造成大量人口失業；共產黨大肆活動；戰後不合
理的處置和政治不穩等。此外，戰爭本身所造成的不良影響，也易形
成極權思想。戰爭期間，暴力不斷，往往被美化、歌頌，使人們視有
限度的暴力行爲是維護治安的必要手段，極端的行爲被容忍，非理性
因素即伴隨戰爭而來，如失望、懷疑、否定和仇恨等。當理性飽受戰
爭摧殘，政府又致力浮誇不實的宣傳，鼓動群眾情感，人們的理性更
加晦暗不明，成爲極權思想滋長的溫床。

　　這股極權政治勢力不久遭到遏阻。第二次大戰結束，德、義戰
敗，法西斯極權政治漸息。但以蘇聯爲首的共產集團，在東歐和亞洲
大肆擴張。共產極權勢力崛起，與英、美民主自由集團對峙。不過，
極權主義終究經不起時間和現實的考驗，從一九九○年開始，蘇聯和
東歐共產集團相繼瓦解，建立起民主政府。

圖3-20　可怕的新式武器——坦克。戰爭期間，爲重創敵人，參戰國開發出各種駭人的新型武器。一九一六年下半，英國發明了坦克。

圖3-21　婦女走出家庭，加入工作行列。由於戰爭的需要，男性紛紛應召入伍。而婦女就接手原本屬於男性的工作，在工廠中、農場裡處處可見婦女身影。

圖3-22　戰時政府的公債海報。一次大戰期間，各國政府爲增加軍費，極力呼籲國民購買政府公債。左圖是法國，右圖是義大利。

圖3-23　除了龐大軍費、新式武器外，兵源也是一大問題。一九一七年美國參、眾兩院通過對德宣戰後，國內就開始徵兵。

圖3-24　一九一○年代，列寧對彼得格勒的工人發表演說。列寧早年對政治有濃厚興
　　　　趣，曾被大學開除，被捕入獄，並流放到西伯利亞達三年之久。此後，他大
　　　　量閱讀馬克思的著作。於一九一七年發動軍事政變，建立蘇維埃聯邦。

圖3-25　希特勒旋風：一九二○年代末，經濟破產使德國陷入絕境。納粹黨人向民眾
　　　　許諾，要恢復國家榮譽與創造就業機會。隨後的經濟復甦，使得希特勒受到
　　　　工人和資本家一致的愛戴。群眾對其煽動性的言詞，亦深信不疑。

圖3-26　一九二九年德國的經濟危機。經濟大恐慌波及全世界，德國也陷入空前的危
　　　　難中。在戰後龐大的償款壓力下，經濟崩潰，鈔票變得一文不值。買一塊麵
　　　　包，甚至需要幾百萬馬克。

現代極權政治的特徵

　　現代極權政治具有不同的型態。俄國共產黨信奉馬克思學說，主
張階級鬥爭和無產階級專政，與德、義兩國的獨裁政權並不完全相
同，但也有若干相似之處：

　　1.高度中央集權：實施一黨專政，管制全國的經濟活動和進行社
會控制，設有祕密警察和嚴密的特務組織等。

　　2.積極箝制人民的思想：國家對新聞、書刊、教育、戲劇、電影
和廣播等進行嚴格審查，甚至製造輿論，進行思想改造。德、義二國
特別倡導國家主義，德國更強調國家應由共同血統和種族純正的人組
成，提出猶太政策，設立集中營，試圖殲滅猶太人。

　　3.窮兵黷武：兩國皆擴充軍備，大幅度提高國防武力的素質，以

一黨控制軍隊,並製造「個人崇拜」之神話,廣設特務系統,監視人民的私人生活。譬如,納粹的特務頭目——希姆勒所掌控的「SS」特務組織,在一九三九年時從七萬五千名成員劇增為五十萬名成員,並成為他私人的禁衛隊,控制了國家的軍隊。

現代和平運動的展開

戰爭嚴重傷害了人類物質和精神文明,如何建立世界永久的和平,成為人們努力和關注的課題。

一九一八年,美國總統威爾遜(一八五六～一九二四)發表著名的「十四點和平計畫」,率先倡議成立一全球性的國際組織,以和平方式解決國際爭端。一九二〇年,國際聯盟在瑞士日內瓦正式成立,最多有六十三國參加。國際聯盟以和平方式解決許多國際爭端,值得肯定,但仍無法遏止侵略者的自私與貪婪,無法避免戰爭的發生。

圖3-27 美國總統威爾遜發表「十四點和平計畫」。

第二次世界大戰期間,美國總統羅斯福(一八八二～一九四五)倡議成立有效的新國際組織——聯合國。自一九四五年成立以來,加入的國家日益增多,現已超過一百七十國。在維護國際和平安全方面,有其一定的貢獻;雖然未能完全消弭戰爭,但至少維持國際間長

期的和平，而未再爆發世界性的戰爭，對國際的社會、經濟、衛生、教育和文化的推廣研究貢獻良多。尤其是提高世界各國的衛生保健、農業振興和糧食分配方面，成效卓著。

二十世紀初葉以來，有鑑於戰爭的破壞與殘酷，國際間裁減軍備呼聲漸高。一九二一年華盛頓會議召開，美國首先提議，規定各強國主力艦總噸數的限額。第二次大戰以後，國際間亦相繼訂定裁減軍備和禁止生化、核子武器擴散的公約，促使強國不再致力武器競賽，以免危及世界和平，不過最近又有死灰復燃的跡象。

綜觀世界歷史發展，二十世紀的人們透過多元的國際和平運動，如交流、互助、協商、締約、調解和制裁等，制止不必要的糾紛和戰爭的發生與擴大。儘管維護世界和平的崇高目的仍未完全達成，但人們所付出的努力與獲得的成就，仍值得肯定。今後全世界每一個國家仍須盡地球村一分子的責任，共同促成真正和平的到來。

問題與討論

一、現代戰爭對人類物質和精神文明所造成的傷害很大，請就你所知做進一步的說明，也請大家共同討論。

二、美國總統威爾遜所提的「十四點和平計畫」，有如下幾個重點：

1.公開談判，公開簽訂和約，取消祕密外交。

2.無論平時或戰時，公海應保持航行自由。

3.廢除關稅壁壘，建立平等貿易條件。

4.裁減軍備，軍備用於維持國內安全。

5.尊重殖民地的需要及其人民的利益。

6.建立一廣泛性的國際組織，保障世界和平。

　　如果你是生活在二十世紀初葉的人，你覺得上述六點實行起來有無困難？你同意這些觀點嗎？請逐一進行討論。

第五節　亞非國家的建立與第三世界

亞、非洲民族主義興起的背景

　　二十世紀亞洲、非洲民族主義蓬勃興起，曾經受到帝國主義侵略而失去自主權的殖民地，紛紛爭取獨立，建立新國家。這波民族主義風潮興起的時代背景為：1.歐洲整體力量的衰退；2.歐、美較進步的國家開始揚棄帝國主義，如一九四一年美、英兩國聯合發表的「大西洋憲章」（The Atlantic Charter），徹底否定帝國主義與殖民主義；3.受到歐洲民族主義思潮的影響，亞、非各地的人民開始覺醒並付諸行動，終於形成一股不可抵擋的潮流。

　　茲將第二次世界大戰爆發後獨立的國家，分區列表如下：

國　　　　　　　　名	原統治國	獨立年代（西元）	備　　　　註
亞洲			
黎巴嫩	法　國	1943	
敘利亞	法　國	1944	
菲律賓	美　國	1946	
不丹	英　國	1949	
約旦	英　國	1946	
印度	英　國	1947	
巴基斯坦	英　國	1947	
孟加拉	英　國	1971	脫離巴基斯坦獨立。
斯里蘭卡	英　國	1948	原名錫蘭。
緬甸	英　國	1948	
以色列	英　國	1948	
大韓民國	日　本	1948	同年，北韓另建「朝鮮人民共和國」。
印尼	荷　蘭	1949	

國　　　　　　名	原統治國	獨立年代 （西元）	備　　　註
越南共和國	法　　國	1949	1954年北越另建「越南人民共和國」。
寮國	法　　國	1949	
高棉	法　　國	1949	原名柬埔寨。
馬來西亞	英　　國	1957	原名馬來亞，1963年合併北婆羅州、沙勞越及新加坡成立馬來西亞聯邦。1965年，新加坡退出，自建一獨立國。
阿曼	英　　國	1951	
卡達	英　　國	1971	
塞席爾	英　　國	1976	
阿拉伯聯合大公國	英　　國	1971	
科威特	英　　國	1961	
新加坡	英　　國	1965	
南葉門	英　　國	1967	
巴林	英　　國	1971	
汶萊	英　　國	1984	
東帝汶	印　　尼	1999	
非洲			
利比亞	義大利	1951	
蘇丹	英埃共管	1956	
突尼西亞	法　　國	1956	
摩洛哥	法　　國	1956	
迦納	英　　國	1957	原名黃金海岸。
幾內亞	法　　國	1958	
奈及利亞	英　　國	1960	
索馬利亞	義大利	1960	
薩伊	比利時	1960	
剛果	法　　國	1960	
塞內加爾	法　　國	1960	
象牙海岸	法　　國	1960	
馬利	法　　國	1960	

國　　　　　名	原統治國	獨立年代（西元）	備　　　　註
尼日	法　國	1960	
布吉那法索	法　國	1960	原名上伏塔。
貝寧	法　國	1960	原名達荷美。
加彭	法　國	1960	
茅利塔尼亞	法　國	1960	
查德	法　國	1960	
中非共和國	法　國	1960	1976年改名中非帝國。1979年又改爲共和國。
多哥	法　國	1960	
喀麥隆	法　國	1960	
馬達加斯加	法　國	1960	原名馬拉加西。
獅子山	英　國	1961	
坦尚尼亞	英　國	1961	原英屬坦干伊加，與尚西巴合併後，改稱坦尚尼亞。
阿爾及利亞	法　國	1962	
蒲隆地	比利時	1962	
盧安達	比利時	1962	
烏干達	英　國	1962	
肯亞	英　國	1963	
馬拉威	英　國	1964	
尚比亞	英　國	1964	原名北羅德西亞
辛巴威	英　國	1965	原名羅德西亞。
甘比亞	英　國	1965	
波札那	英　國	1966	
賴索托	英　國	1966	
史瓦濟蘭	英　國	1968	
赤道幾內亞	西班牙	1968	
幾內亞比索	葡萄牙	1974	
莫三比克	葡萄牙	1975	
葛摩	法　國	1975	
吉布地	法　國	1977	
聖多美及普林西比	葡萄牙	1975	
安哥拉	葡萄牙	1975	
維德角	葡萄牙	1975	

國　　　　　　名	原統治國	獨立年代（西元）	備　　　註
拉丁美洲與大西洋區			
牙買加	英　國	1962	
千里達	英　國	1962	
巴貝多	英　國	1966	
蓋亞納	英　國	1966	
安地卡及巴布達	英　國	1981	
巴哈馬	英　國	1973	
貝里斯	英　國	1981	
多米尼克	英　國	1978	
格瑞那達	英　國	1974	
聖露西亞	英　國	1979	
聖文森	英　國	1979	
聖克里斯多福	英　國	1983	
蘇利南	荷　蘭	1975	
其他地區			
賽普勒斯	英　國	1960	地中海東部。
西薩摩亞	紐西蘭	1962	南太平洋。
馬爾他	英　國	1964	地中海中部。
馬爾地夫	英　國	1965	印度洋。
模里西斯	英　國	1968	印度洋。
諾魯	澳　洲	1968	南太平洋。
斐濟	英　國	1970	南太平洋。
吉里巴斯	英　國	1979	南太平洋。
巴布亞紐幾內亞	澳　洲	1975	南太平洋。
索羅門群島	英　國	1978	西南太平洋。
東加	英　國	1970	南太平洋。
吐瓦魯	英　國	1978	南太平洋。
萬那杜	英法共管	1980	南太平洋。

＊本表所列國家並未將北韓、北越計算在內。

＊本表謹供參考、教學討論之用，學生不必記誦國名。

亞、非新興國家的建立

第二次大戰後二十年間,亞、非兩洲已有五十多個國家贏得獨立。各國取得獨立的方式,大致可分成三類:

1.經聯合國協助獲得獨立:根據美國總統威爾遜提出的原則,合理處置殖民地問題,並尊重當地人民的意志。第一次大戰後,對於德國、土耳其殖民地採取「託管制」處理,即英、法等國在名義上接受國際聯盟委託,治理該殖民地。第二次大戰結束,聯合國下設有託管理事會,監督受託管國家或處理尚未具有自治能力的地區走向獨立事宜。許多亞、非洲新國家即是經由這種方式尋求獨立的。

2.經和平談判取得獨立:大體而言,美、英兩國對殖民地的獨立運動採取較開明的態度。十九世紀時美國已成為帝國主義的國家,擁有不少殖民地。但美國人民並不完全贊同這種作為,批評聲浪日益激烈。隨後政府承諾以協助自治及安排獨立的方式處理。一八九八年起成為美國殖民地的菲律賓,於一九四六年正式脫離美國獨立。

十九世紀時,英國在世界上擁有最多殖民地。到了末葉,面對日益升高的殖民地獨立運動,英國採取先讓殖民地成立自治政府,再聽任其獨立的政策。二十世紀以來,英屬殖民地大都循此一途徑取得獨立。有些獨立的國家,與英國組成了不列顛國協,在貿易、外交、文化和教育等方面維持密切的合作關係。

3.經由武裝革命獲得獨立:二十世紀,法國、荷蘭、比利時等帝國主義的國家,依然繼續採取控制殖民地政策,殖民地人民採武裝革命的方式尋求獨立。

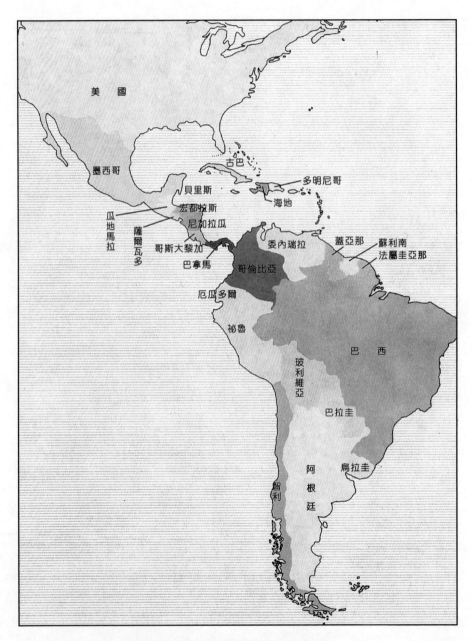

圖3-28　第二次世界大戰後的拉丁美洲。

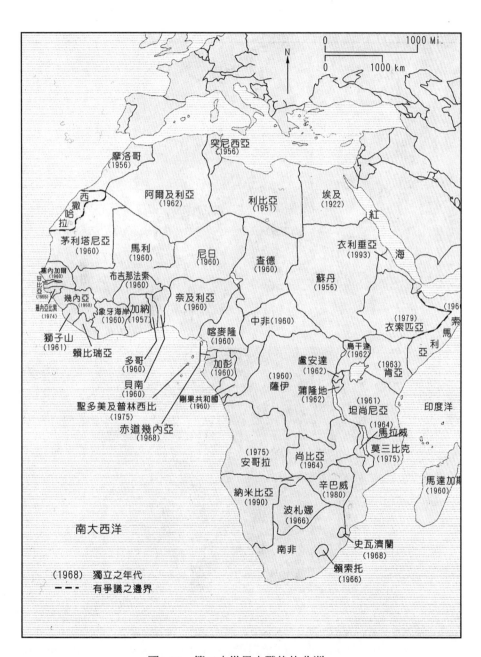

圖3-29　第二次世界大戰後的非洲。

甘地和印度的獨立運動

　　亞、非洲殖民地獨立建國的經過，不論採取和平或革命方式，都有可歌可泣的一幕。印度獨立運動領袖甘地（一八六九～一九四八）發起「不合作運動」，特別值得一提。英國吞併印度以後，印度人不時挺身反抗英國統治。第一次大戰期間，英國為安撫人心和鼓勵印度人協助戰時工作，允其戰後獨立。不過戰後英國卻藉故不履行諾言，引起印度人的憤慨，反英運動爆發，甘地成為反英運動中的傑出人物。他指出，一九一四年英國人以不超過八萬名的行政官員和士兵，統治了三億的印度人，主要在於各階層人民和英國合作的關係，如果取消合作，英國的統治必將崩潰。他教育印度人採取不合作的非暴力

圖3-30　一九四六年夏天，為尋求越南民族的獨立，越共領導人胡志明赴巴黎與法國總理比多（一八九九～一九八三）舉行會談，這是會談晤面的情景。法國不願意放棄在越南長期搜刮的既得利益，故會談沒有結果。此後，越南開始發動民族獨立戰爭，到一九五四年法國終於戰敗退出。

方式以爭取獨立。甘地「不合作運動」的要點為：1.號召印度人辭去英國委任的職務，不參與英國政府的統治；2.不上英國開設的法院、學校和銀行，亦不應徵入伍、不繳納稅款。印度人自行設立機構，實施自治；3.抵制英貨，改用印度人自製的物品。

　　甘地的「不合作運動」，提倡拒買英國商品，並呼籲協助發展印度的農村工業。為爭取印度的獨立，他發動無數的罷工，從一九二二至一九四二年，入獄數次，迫使英國不得不讓步，二次大戰後，印度終獲獨立。

圖3-31　甘地的偉大不是一般政治人物所能企及，他給人的感覺是恬淡、寧靜、自然、溫馨。比如他穿稱為「卡地」的粗布，用寧靜與自然的心來做紡紗的工作，不但傳達印度宗教的清高，也表露政治領袖反抗外國經濟侵略的智慧。

圖3-32　印度的不合作運動：甘地呼籲印度人採取不流血革命的方式，以抵抗英人的統治。圖中印度人為阻止英國職員進入大印度半島鐵路公司，而橫躺於地上，公司人員只好跳行其上。

第三世界的出現

　　第二次大戰以後，國際政治形勢出現新變化，「第三世界」出現了。第三世界是指，相對於美國、蘇聯與中國強權而言的亞、非、中南美洲地區之新獨立和經濟尚在開發中的國家。這些國家大致上來說，追求以英、美兩國爲典範的民主制，或者追隨蘇聯與中國，提倡「反帝國主義」之理念，力圖擺脫歐美之霸權。這些國家皆面臨了若干共同的問題：政治上，過去受殖民或專制的長期統治，本身工商業不發達，未能產生強大的中產階層，人民文盲的比率偏高，實施民主政治的條件薄弱，政治不夠穩定；經濟方面，這些國家雖不乏天然資源，但產業在低度開發狀態下，人民求生不易，未能完全擺脫飢餓、疾病的肆虐；社會上，貧富懸殊，社會缺乏正義。

　　第三世界國家受民族意識及民主觀念的影響，產生擺脫殖民時代的附庸心理，彼此相互結盟合作，在國際政治上結合爲一股新興力量。在二十世紀九〇年代以前，這些國家在聯合國中占有大多數的席次，是美、俄兩大國家力量外，另一股重要的勢力。

圖3-33　傳統與現代並存─尚比亞國內街景。這樣的景象在整個非洲隨處可見。新舊生活同時並存著。

問題與討論 ■

一、請閱讀或觀賞聖雄甘地的傳記或影片。亞、非各國獨立建國的方式，大抵有
　　經聯合國協助、和平談判及武裝革命三類。有別於武裝革命，甘地是採非暴
　　力主義的「不合作運動」。請討論「不合作運動」的優缺點是什麼，並說明
　　你是否贊成。

二、第三世界國家，過去長期受殖民或專制統治，工商業不發達，社會上缺乏強
　　大的中產階層，人民文盲比率偏高，實施民主政治的條件薄弱，政治不夠穩
　　定。第三世界何以實行民主政治卻不穩定？

第四章　近代科技與社會文化

　　歐洲的科學革命改變了人類的宇宙觀，也發展出一套可以用數理分析、演繹與歸納的方法，研究自然現象，建立物理通則。科學革命的發生跟工藝技術的發展有一定的關係。例如，天文望遠鏡、時鐘的發明，使伽利略與牛頓可以順利進行他們的科學實驗。自十八世紀開始，科學理論被應用於技術的研發，以因應經濟生產的需求，而發展出蒸汽與機器化的工業化時代。新科技與新物質原料的研發，推動科技更快速進展。理論科學亦是如此，在世紀之交，物理學家因解釋光能量的現象碰到了難題，對牛頓的古典力學提出了挑戰，從此開啓了另一次的科學革命，量子理論、相對論相繼被提出，粒子物理學蓬勃發展。到一九二〇年代，理論化學逐漸與量子化學結合。在這段期間，應用化學與生物學也出現可觀的進步。科技如何利用金屬與非金屬的物質原料，又對人類的文化帶來什麼影響？

第一節　金屬與非金屬原料與近代科技的發展

物質原料、工藝技術與文化

　　物質原料的運用與工藝技術的發展相互影響。人類為了因應生活（包括遊戲與美感）需要，利用物質，製造工具與用品，而有工藝技術的活動。石器時代人類敲擊石塊，經由琢磨製成器具，有了工藝技術發展，如製陶、冶煉銅鐵礦，將木炭、硝石混合以製成火藥，從煉金術中發展出製造酒精與香水的蒸餾技術。隨著經驗與知識的累積，技術日新月異，研發了新的物質原料。新技術與新原料結合再激發更進步的技術發展。人類工藝技術相因相生。新工藝技術應用在生活，對政治與社會各方面產生影響。

　　工藝技術的發展深受文化影響。農業社會工藝技術發展上雖有進展，卻不容易，其中因素雖多，但文化因素不可忽略。農業社會相當輕視工藝技術，工匠居於社會下階，因此儘管工匠研發新技術，卻未能受到官方與知識階層的重視，甚至有時候招來「騖新奇」與「奇技淫巧」的譏笑。工藝技術的進展既然無法改變農業社會的生活基本結構，就不會帶來文化上的影響，也無法成為人們思想的主題。然而，從十五世紀開始，在歐洲，人類的工藝技術產生了巨大的轉變與發展，這也帶給文化極大的影響。

圖4-1 早期的發電站是供應某些私人用戶的,第一座爲一片地區的公眾供電的發電
站,於一八八七年在英國布萊頓建成。到了一九一〇年,這座發電站已經發
展到相當規模了。

重金屬與工業革命

棉紡織機、蒸汽機、冶煉鐵礦技術推動了工業革命,人類首次有
效地將自然力轉換成動力能源,並開發豐富的新原料,如礦物與染
料,取代了動植物原料。十八世紀工業革命的特色是製造機器與創造
能源,在一百年內,造橋、水利工程、運河、鐵路、火車、造船等重
金屬工業紛紛興起,快速地成長。同時,以動力機械爲基礎的工廠替
製造業增加了競爭力,逐漸取代傳統家庭工業的生產,發展出現代的
工廠制度。

非金屬與現代科技的進展

　　工業革命在技術方面獲得長足的進步，建立了鋼鐵產業的基礎，創造了新的工廠制度。二十世紀初葉又起了一次科技革命，改變了人類對物質原料的觀念，以及產業的型態。現代科技迅速發展的主要原因有三：1.二十世紀初葉物理學的突破性發展，2.分子生物學的進展，3.德國化學工業的突飛猛進。

　　一八九五年德國物理學家倫琴發現了X射線，一八九八年居禮夫婦發現了放射性元素鐳，一九〇〇年德國柏林大學教授卜朗克提出了光量子理論，一九〇五到一九一五年之間，愛因斯坦發展了狹義與廣義相對論。此後，歐洲物理科學人才輩出，拉賽福（一八七一～一九三七，英國物理學家）、波以耳（丹麥物理學家）與海森堡（一九〇一～一九七六，德國物理學家）等人開啓了另一個科學革命的時代。這場革命於十九世紀末，當物理學家發現牛頓的光波理論無法解釋物體加熱過程中，從泛紅、泛黃，最後發出白色光的原理。當古典物理學的「能量不滅定律」無法解釋鐳元素所釋放的能源時，物理學家對於「物質究竟由什麼構成」的問題，改用量子力學解釋，認爲物質最基本的元素乃由質子、中子與電子構成。由此，物理學進而發展出核子力學。

　　量子力學與核子力學揭示一種新的物質概念，即是，構成物質的基本元素並不是人類可以感覺的對象。人類必須利用精密的儀器，透過極複雜的實驗過程，才能夠探測得到這些基本元素。因而人類發現藉由核子分裂，可以得到大量的能源。一九四五年，人類運用這些新物理學理論成功地製造了第一顆原子彈，也開啓能源的新世紀。

圖4-2　現代化的煉油廠包括範圍很大的生產系
　　　　列。這幅高空鳥瞰圖是法國的一家煉油
　　　　廠，有油槽船碼頭，碼頭有輸油管直通煉
　　　　油車間，儲油設備和道路設施一應俱全。

圖4-3　瑪麗·居里與她的女兒艾琳
　　　　在實驗室裡，她因研究放射
　　　　性而聞名。她與其丈夫皮埃
　　　　爾·居里在一八九八年發現
　　　　釙和鐳。艾琳與其丈夫若利
　　　　歐發現了人工放射性。

　　這段時期德國化學家運用催化劑，加速物質的化學反應。從此以後，人類可以用合成的方式製造出人工的原料，以取代自然的物質原料，就如當時科學家所言：「凡是自然物質都可以用人工合成的方式獲取。」因此，這個世紀，人類經由人工合成的方式，製造了染料、肥料、人造纖維、塑膠、動力燃料和香料。這類化學的進步對於民生工業帶來重大的影響。

　　英國生物學家達爾文在一八七二年提出了物競天擇理論，門德爾進行植物遺傳的實驗。在二十世紀初期，生物學家利用新發明的顯微技術，對於達爾文與門德爾的遺傳學說做了更精密的研究，而建立了染色體的遺傳基因學說。這些成就奠定了分析染色體結構的基礎，促進往後基因工程的發展。因此科技的進步，人類可以複製牛、羊等動物，並謀求控制如癌症等疾病。

圖4-4　第一顆原子彈於一九四五年七月十六日在新墨西哥州的沙漠上爆炸,其代號
　　　　為「三合一」。最上圖是進行試驗的地方。原子彈裝在一個巨大的鋼容器
　　　　(右圖)內,該容器八米,重約二百噸。

問題與討論

一、農業社會阻礙科技發展的主要因素是什麼?

二、量子力學如何改變人的物質概念?

三、科技必須運用物質原料(如金屬或非金屬原料),請問物質原料如何能夠影

　　響人類的文化?

第二節　科學技術對近代社會文化的影響

科技的進步影響人類的文明

　　科技對近百年來人類文明的發展，影響深遠。科技進步實現了過去人類的許多夢想，包括翱翔天空、踏足月球和移山填海等，往昔是異想天開，今日已不足為奇。科技進步創造了豐富的物質資源和工具機械，供人類所用，帶來各種生活的方便與樂趣。但進步的科技亦成為控制、破壞乃至摧毀人類的利器。科技文明對近代社會及文化的影響可說難以細數。

地球村的形成

　　過去由於交通運輸和傳播工具的簡陋，世界顯得遼闊無邊。十六世紀的歐洲，從羅馬到巴黎要十二天；十九世紀的中國，從廣州到北平也需半個月左右。但隨著近代各項運輸和通訊工具的發明，空間距離縮短了，世界各地人們的距離感也變小了。現在世界上任何一地發生的重大事件，在三十分鐘內即可傳遍全球。古人所說的：「天涯若比鄰」、「雞犬相聞」，令人感同身受。

　　通訊媒介的發展，包括印刷科技、電子傳播等的進步，大大增進了人們對不同地域、國家乃至族群的了解。儘管如此，今日國與國之間和人與人之間仍存在著許多誤解和衝突。可見，除工具的改良進步之外，人們在心靈上也要有更多的包容與尊重，才能建設出美麗的地球村。

家庭結構與婦女角色的變革

　　世界各國在推動工業革命的過程中，不論是已婚或未婚的女性，都扮演著推波助瀾的角色。十九世紀時，一般工廠基於工資低廉和易於管理的考慮，都習於僱用非技術性的女工與童工。另外，為因應日益增加的家庭費用和滿足個人消費的欲求，也促使更多婦女走出家庭投入就業市場。

　　工業革命、教育的普及和科技的進步，為許多婦女帶來一份獨立的薪水，也為她們帶來社會流動的機會以及更好的生活。各項家庭電器的發明與普及，和控制生育知識的進步，亦有助於婦女全心投入工作，扮演專業性工作者的角色。但近代的婦女仍面臨了多重的生活壓力，除定時出外工作外，還要負責操持家務和照顧長幼等。

　　自人們紛紛走出家庭，長時間在外工作後，人類的家庭生活和親子關係也出現重大的改變。家庭成員間情感的維繫、性道德的遵守和家庭教育的實施等出現問題。在工業化國家，人們家庭生活的品質似乎有日漸下降的趨勢。

　　綜觀世界歷史的發展，二十世紀的女性地位及權益取得重大的成就。在接受高等教育的權利上，十九世紀下半葉歐美女性已有若干收穫。至於選舉權的爭取，在第二次世界大戰後，歐美各國的女性大都已達到目的[1]。隨後，在婦女積極爭取和不斷推動下，婦幼安全和兩性平權已成為政府努力改善的目標。至於第三世界國家的婦女，因為

---

1 以英國為例，十八世紀末期，瑪麗・沃爾斯東克拉夫在《婦女權利之辯護》（一七九二年出版）中，已提倡婦女的選舉投票權。一八四〇年代的憲章運動向英國政府請願，婦女應與男子共有選舉權，這種理念到一九一七年，下議院通過「人民代表法案」，規定三十歲以上的婦女擁有投票權。此法案在一九一八年由上議院核准，到一九二八年，婦女投票之歲數降低至二十一歲。

貧窮和謀生能力不足之故，人權仍亟待提升，婦幼福利更是嚴重缺乏。這是二十一世紀人類文明發展史上的重大課題。

表4-1　女性選舉權的大事紀

年　　代	記　　事
1900年以前	全世界只有紐西蘭女性有投票權（1893）
1902年	澳大利亞女性擁有投票權
1906年	芬蘭女性獲得投票權
1913年	挪威女性獲得平等投票權
1917年	荷蘭和蘇俄女性擁有投票權
1918年	英國三十歲以上的女性擁有選舉權和出席議會的權利
1919年	德國、瑞典、捷克賦予女性投票權
1920年	美國女性擁有投票權
1928年	英國二十一歲以上的女性跟男性一樣擁有投票權
1932年	巴西女性擁有投票權
1934年	土耳其允許女性在全國性選舉中投票
1941年	印尼女性擁有投票權
1945年	法國、義大利、日本將投票權普及於女性
1947年	中國在憲法上規定成年婦女與男子都擁有投票權
1948年	以色列女性擁有投票權
1950年代末期	許多殖民地獨立後正式將婦女投票權列入憲法層次保障
1953年	墨西哥女性擁有投票權
1961年	巴拉圭女性擁有投票權，至此拉丁美洲女性擁有投票權
1963年	伊朗女性擁有投票權
1966年	約旦將女性投票權入憲
1971年	瑞士女性擁有投票權

*二十世紀以後，世界上的婦女才陸續獲有選舉權。但就全世界來看，女性參與投票的比率較男性為低，且擁有的政治權力資源也大大不如男性。

環保意識的蓬勃

　　在古代，人們對大自然的了解有限，總懷抱著敬畏的態度。但從科學革命以來，人們把自然視爲研究的對象，再演變成利用、控制和支配。工業革命展開後，對自然資源的供應感到迫切，進一步強化這種思想，結果對自然生態產生激烈的破壞。近兩個世紀以來，人們對自然生態的破壞，大抵可分成：1.大自然資源的耗盡，包括石油、森林和礦物等的枯竭和動植物的絕種等；2.工業化對環境造成的汙染，包括空氣、土壤、河流、海洋、噪音和垃圾的汙染，乃至廢棄物的汙染，如塑膠、醫療廢棄物、核能廢物的不當處置等；3.現代化生活和工業化物質對自然的破壞，包括臭氧層的破壞、酸雨的形成等。

　　當工業化對人類的生活環境之破壞愈來愈多時，嚮往自然和保護自然的觀念開始形成。十九世紀有些歐洲學者鼓吹回歸自然，標榜自然的生活方式，可算是環保思想的先聲。二十世紀中葉以後，倡導環境保育蔚爲風氣。歐美各國的環保意識在五、六十年代開始發展，到了七、八十年代普遍爲社會所接納。各國政府紛紛設立環保組織，專責發展環保工作和研訂法律，規範人民不得破壞環境。此外，人民的生活習慣也隨著環保觀念的盛行而出現改變，包括拒吸二手菸、使用無鉛汽油、減少使用塑膠產品、垃圾減量和廢紙再造等。

　　我們只有一個地球，愛護和珍惜自然資源，的確是每一個人責無旁貸的事。

圖4-5 二十世紀慕尼黑可怕的空氣汙染：汽車、工業煙囪以及房屋失火所排出的濃煙與廢氣，在人口密集的城市造成空氣汙染的危機。如果地面上的冷空氣被熱氣層掩蓋而無法進行空氣調節的話，汙染的空氣將無法排除，對人體健康的危害甚巨。

圖4-6 亞馬遜雨林不斷遭受人類大肆破壞，人類文明仍昌盛，是以犧牲自然生態的平衡爲代價。

問題與討論 ■

一、十九世紀以來，人類的家庭結構出現重大變化。請全班分成兩組，先討論農
　　業社會和工商業社會的家庭各具備哪些功能？再進而歸納統整，農、工商業
　　社會家庭的功能出現什麼變化，有何重大差異？最後，請同學以自己的家庭
　　生活為例，說明你喜歡這樣的家庭生活嗎？為什麼？

二、生活在科技急劇進步的今日，人們也許應該深思科技研究的最終目的為何？
　　是服務更多的人群，造福人類，還是凸顯自己，為特定的團體謀取更大的利
　　益？請提出你個人的看法，並在班級中進行討論，分享不同的觀點。

第三節　科技與人文的對話

對科技的省思

　　從古到今，科技的演進不只影響人類的生活，更引起部分人們的憂慮。工業革命初期，機械取代了人力後，英國和歐陸國家曾相繼出現手工業工人攻擊新機械的風潮。進入二十世紀，隨著科技日新月異，人類對科技的憂慮也日趨多樣化，茲列舉較具代表性的幾項以進行說明：

　　1.二十世紀發生的兩次世界大戰，正式揭示了新軍事科技帶給人類的重大摧殘與災難。尤其是核子武器的毀滅力量，更是令人畏懼。根據可靠的統計資料顯示：早在一九六〇年代，美、俄等國庫存的核子武器，已足夠殺死二千四百億的人口。換句話說，美、俄等國只要使用當時庫存八十分之一的武器，就足以毀滅整個人類。儘管人類深知核子武器可怕，但基於競爭和缺乏安全感，仍有國家投注駭人的人力和物力，積極研製毀滅性的武器。

圖4-7　令人眼花撩亂的戰爭武器：在美俄核武競賽中，美國一直在飛彈研製方面保持技術領先的優勢。圖為可攜帶四枚核彈頭的「戰斧型」空基巡弋飛彈，一九七五年完成首次試射。

圖4-8 德國的核能發電廠：核能是人類現今仍仰賴的能源之一。除了可能產生危險外，輻射廢料的處理及所造成的汙染，至今仍未尋獲完全解決之道，是個值得人們擔憂的問題。

　　現代人們一直生活在核子戰爭的陰影中，如何提高各國人士對核戰的警覺性和濫用科技的嚴重性，是二十一世紀的人們要努力的課題。

　　2.工業和科技發展所帶來的環境汙染和生態破壞，已經嚴重威脅人類的生存，成為亟待解決的危機之一。二十世紀以來，地球的暖化、海平面上升和氣候異常等現象，都是人類過去幾百年來，對大自然予取予求、過度侵奪榨取所顯現的結果。

　　面對紛至沓來的種種環境大災難，人們實在應該調整以往以「人」為思考主軸的生態觀，放棄天生萬物皆為人類所用，凡有害於人類的事物，就藉由科技力量加以排除的思考模式，轉而採取「以萬物為本」的新生態觀念，讓人與萬物共同分享地球豐盈的資源，這樣才能永續經營和發展地球的資源。

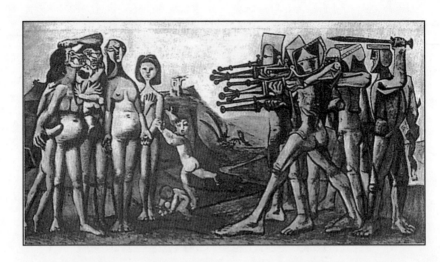

圖4-9　畢卡索的名畫——「朝鮮大屠殺」：一九五一年韓戰時，畢卡索繪了一幅強
　　　　調「戰爭本身就是罪惡」的名畫。畫中詳實地刻畫出銳利可懼的殺人武器，
　　　　反人性的殺手，手無寸鐵、毫無自衛能力的人們等。

　　3.科技發展講究專業分工和追求效率，使人們產生孤立和疏離的
焦慮。十九世紀科技的進展，大大改變人們工作的形式。工廠制度出
現後，人們開始邁入高度分工的道路。接著，爲了大量製造成品，生
產方法又有了重大變革；工作程序割裂得非常簡單而細碎。人們只要
從事機械式和單一步驟的勞動即可。如此一來，使得人與人之間的合
作與關係，變得機械化、片面化和簡單化。此外，科學化的管理，講
求效率和利益，較不重視感情因素，也使得管理階層和前線工作者間
缺乏實際有效的溝通，工作環境轉變爲缺乏感情的場所，人們收入雖
然較前豐厚，卻不見得有更愉快的生活。

　　科技高度的發展，固然爲人類提供豐富的物質生活，但也使人們
的心靈愈加空虛。「科技至上」顯然應該重新檢討。

　　4.二十世紀電腦科技迅速地發展，大大改變人類社會生活的面
貌。在過度依附、倚重電腦的同時，也讓人們開始疑慮，人是否終有

一天無法控制電腦。現今,電腦已逐步深入每一個現代人的生活。無論在工作和生活上,人們與電腦經常寸步不離。雖然電腦資訊工業持續不斷地進步,帶給人們許多便利,國家和人民也因而獲得豐盛的經濟利益。但相對地,由於人們愈來愈依賴電腦,一旦電腦出錯或停止運作,必然會嚴重影響人們的生活。

「誰是科技的主宰呢?」有愈來愈多的人關心這個問題。如何駕馭科技而不被科技所奴役,應該是人們亟需關注的課題。

我們的黃金時代嗎?

二十一世紀是個充滿希望的時代。上一個世紀,由於社會科學和其他許多學科的發展,人們發掘了更多有關人類本身的知識,轉化成相當多可以利用的資源。這個世紀可說是有史以來擁有改善生活環境最佳條件的一個時代。人們對外在世界(包括自然界和物質世界)有更多新的了解與掌握。從哥白尼到愛因斯坦,相隔不到四百年間,科學由少數熱愛之士的業餘研究,變成支配現代文明的主要力量。科技神速的進步,的確帶給人們新的希望。但同時有識之士也開始為科學所展示的前景感到憂心。原子能可以毀滅人類,也可以用來改善全球的生活環境;火箭可用於洲際戰爭,也可用於從事宇宙的探險和研究;遺傳學的研究,可產生種種令人興奮的可能性,但也提出了令人驚恐的問題,如複製人等。因此,科學既可為人類所用,亦可反過來宰制人類。二十一世紀,可以是最好的時代,也可以是最壞的時代,就端看人類如何抉擇了。科學是中性的,所謂「水能載舟,亦能覆舟」,要有效利用它來服務人類,抑或誤用它來殘害人類,正考驗著

二十一世紀人們的智慧。

圖4-10　未來的能源：愈來愈多的人相信，為使將來的能源不虞匱乏，人們必須力行
　　　　節約，開發利用無害、可再生的能源，如太陽、風力、水力和潮力等。右圖
　　　　為尼泊爾的小型水力發電機，左圖為美國加州的風力發電機。

圖4-11　墨西哥的玉米收成：要為龐大飢餓的人們增加糧食生產，又不想破壞生態環
　　　　境，確實是個大難題。如何重新分配土地、多用有機肥料、根據需要而非欲
　　　　望從事耕作、多利用梯田和灌溉技術等，是人類可以思索的方向。

問題與討論 ■

一、十九世紀以後，隨著科技學術的發展和高度專業分工趨勢的形成，科技與人
　　文出現嚴重分離的現象。科技經常被誤用，乃至引發社會亂象。現今的臺灣
　　也浮現這種情形。你認爲誰應負較多的責任？

二、二十一世紀是個電腦資訊的時代。請問電腦科技的發展對人們的生活造成哪
　　些重大的衝擊？

第五章　資訊傳播媒體的普及

　　二十世紀以來的資訊傳播，改變了人們的思維方式、人際往來關
係，影響了經濟活動狀態、社會互動基礎，促進了資訊社會誕生、政
治民主發展；同時也衍生了諸如資訊爆炸、價值混淆、信心危機、文
明失衡等新的時代問題。

　　二十世紀爲資訊傳播的時代。什麼是資訊？資訊與資料不同。資
料是儲存的紀錄，浩如瀚海，車載斗量，難以窮究；資訊不同，經由
篩選，透過傳遞，爲人所用，資訊包括傳送與接受兩者，如報刊、電
視、電腦網路等，須傳送收受雙方達成共同需求，才具有效益及意
義。隨著二次大戰結束以後，科技發展突飛猛進，資訊傳播媒體不再
只是居間傳遞消息而已，而成爲知識生活的重要一環，遂開拓了人類
文明嶄新的一頁。

第一節　報刊之發展

報紙的出現

　　人是群居動物，賴消息溝通有無、媒介凝聚一體。文字發明之前，口耳相傳是主要管道，手勢、旗號爲通訊方式；待文字發明之後，消息傳遞漸採報章雜誌方式。在人類傳播史的演進過程中，報紙發展甚早。歐洲在羅馬凱撒（西元前一○○年到西元前四十四年）時代即有官方公報，張貼在羅馬城及各重要城市，但多含有政令宣導意味，與今日報紙性質不同。十五世紀印刷技術革新，活字印刷問世，報紙得以方便發行，報導各

圖5-1　十五世紀谷騰堡改良印刷技術，採用活字印刷取代手寫傳抄。

地動態，唯受限於傳遞工具之落後，致無法普及。至十六世紀末郵政驛站制度建立後，報紙才逐漸推廣。

　　現代報紙源起於文藝復興的重鎮義大利及宗教改革中心的日耳曼地區。中古末期，歐洲情勢轉變：義大利地理環境特殊，文藝思潮發達，消息傳遞需求孔殷；日耳曼地區受宗教改革衝擊，人民渴望新知，刺激了報紙的發展。一五六六年威尼斯所發行的「威尼斯小報」，最早使用報紙一詞。這份不定期刊物，售價一銅元，稱爲「小報」，Gazette不久就成爲歐洲各國報紙的名稱。早期的報紙多屬不定期出刊的小冊子，其後漸發展成定期報紙或日報。一六五○年，萊

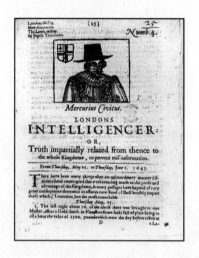

圖5-2 十七世紀的英國報刊。

比錫的「新到新聞」,被認為是世界上第一份的日報[1]。

歐美國家的報業

　　近代報業發展以歐美最具代表。十八世紀下半葉以來,受工業革命、經濟富裕的影響,知識分子抬頭,輿論力量漸增,報業地位顯著;其中以英國、美國、法國最先進,德國、義大利次之。歐美各國發展的途徑,大致可分為三個階段:

　　第一階段是由政府控制到自由競爭時期。英國早在十七世紀光榮革命後,報業人員及出版業者開始要求取消禁令,廢除舊王朝出版法

---

1 請參看正中書局印行,由小野秀雄著,陳國亭譯之《各國報業簡史》。

案。法國在大革命時期發表「人權宣言」，明確表示公民有言論、著述和出版自由，其後更在一八八一年通過「出版自由法」，全面落實新聞自由。德意志則於一八七一年廢除新聞檢查制度，三年後通過新聞出版法，允許新聞自由。美國自脫離英國獨立後，報紙即自由發展，美國憲法修正案[2]更明定保障言論自由。

　　第二階段為政黨壟斷時期。自政黨政治發展之後，報紙即成為政黨喉舌。英國的托利黨及輝格黨、法國的雅各賓黨及吉戎第黨、美國的聯邦黨及反聯邦黨[3]等都各自辦報紙，抒發理念，彼此攻訐。但隨著工業化來臨，工商活動增加，價格低廉的「便士報」出現了，一份報紙賣一便士，利用報童沿街兜售增加銷售量，使得報業發展更加迅速，同時寫作題材也由政治擴及至教育和娛樂，並以中、下層普通百姓為銷售對象。

　　第三階段為財團壟斷時期。第二次世界大戰期間報業競爭日劇，銷售量增加，但種類卻減少。到了戰後，集團兼併成為趨勢，財力薄弱或經營不善的報紙不是宣告破產，便是為人收購。而由少數財團壟斷的報業，往往干擾市場銷售，左右訊息傳布，甚至妨礙民主政治的發展。不少國家雖立法防堵壟斷，然效果有限。

2　美國憲法於一七八七年制定，一七八九年經各州通過，原文只有七條。一七九一年增列十條修正案，內容為保障人民信仰、言論、出版、集會、人身自由等權益，這些條文通稱為「人權條款」。此後隨時代需要增補或修正，迄今美國憲法已有二十七條修正案。
3　一七八一年後美國採邦聯制，各州政府各自為政，沒有統一的中央政府。一七八五年有識之士主張召開憲法會議，制定憲法，組織中央聯邦政府，這些人以律師漢米爾頓為首，稱之為「聯邦黨」；另一批人反對憲法制定，主張原有的邦聯制。這批人以傑佛遜為主，稱之為「反聯邦黨」，後發展為民主共和黨，再演變為今日之民主黨。

亞、非及拉丁美洲的報業

亞洲報業歷史悠久，惟早期多爲外國勢力壟斷。十九世紀以後，隨著民族獨立運動的展開，殖民地的報刊，尤其是政論性報紙漸爲主流。由於各國政治局勢的穩定程度不一，報業繁榮的情形差別很大。

日本於十九世紀中葉實施明治維新後，大眾化報紙陸續誕生，重要的有「東京每日新聞」、「讀賣新聞」、「朝日新聞」。中國宋、元、明時代即有傳遞官方消息的「邸報」存在，限各級官員閱覽，性質類似今日的官方公報。近代中國的第一份大眾化報紙是一八七三年於漢口創辦的「昭文新報」，其後報業蓬勃發展，到了二十世紀初，中國境內重要的報紙有「新聞報」、「大公報」、「申報」等。

拉丁美洲國家的報業發展際遇與亞洲國家相似，早期也是由殖民國家向殖民地提供信息。十九世紀拉丁美洲國家掀起獨立運動，鼓吹革命的報刊日漸增多。至十九世紀後期，大多數國家都已有自己的報紙。迄二十世紀，隨著商業發展，報業逐漸普及，除政黨報紙外，商業性報紙也不斷擴增，有些國家亦出現報業集團，進行兼併壟斷。

非洲國家報業起步最晚，由於受到殖民帝國長期的壟斷，除了少數國家之外，大部分國家直至二次大戰結束並獨立建國後，始由沒收原殖民政府的報刊著手，建立自己的報業體系。然而各國的發展相去甚遠，南非及埃及頗具規模，撒哈拉沙漠以南的其他國家則嚴重落後。

蘇俄及東歐國家的報業

蘇俄及東歐國家的報業發展，與
共產政權的存廢關係至爲密切。蘇俄
自共黨革命成功後，即建立國家報刊
網絡，藉此一面查封反對新政府的報
刊，一面建立社會主義報紙，做爲宣
導工業化以及農業集體化的工具，爲
此，蘇俄刻意將報紙發展爲大眾化的
通俗讀物，以便操縱控制。其他東歐
國家亦紛紛起而效尤。

一九八九年，蘇俄和東歐各國發
生重大政治變革，共產政權相繼解
體，報業發展也走向新的道路。蘇俄

圖5-3　蘇俄的眞理報。眞理報雖然
　　　　掛上了「眞理」之名，但其
　　　　實是共產黨的宣傳機器。

在一九九〇年取消新聞審查制度，擴大辦報人的自主權限，報紙性質
遂發生重大改變，原先以黨的機關報爲核心之報業系統，很快陷於瓦
解。其他東歐國家的報業，也在政治日趨自由開放的風潮中，逐漸表
現了獨立自主的風格。

期刊、雜誌的發行

除了報紙之外，期刊是另一項重要的資訊媒體。早期報紙、期刊
不分，至十七世紀才開始分流。期刊採定期發行方式，裝訂成冊，報

紙則爲單頁或多頁，每日出刊。期刊早先多以評論爲主，十七、十八
世紀啓蒙思潮興起，文藝期刊逐漸抬頭，一七三一年英國出版商凱夫
創辦雜誌，將各種不同風格和體裁的文章集合在一起刊行，從此雜誌
成爲通俗、消遣性刊物的總稱，與學術刊物不同。

　　二十世紀的國家，對於發展期刊皆不遺餘力，尤以美國最爲突
出，其次分別是法國、英國、德國、日本等。美國雜誌中以「讀者文
摘」、「時代周刊」及「新聞周刊」發行量最大。

圖5-4　讀者文摘俄文版。

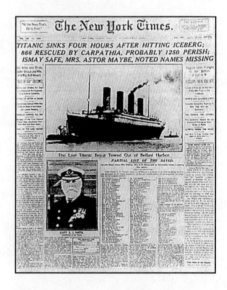

圖5-5　一九一二年紐約時報對鐵達尼
　　　　號沉沒的報導。

報刊的影響

　　報刊所以引人入勝、魅力無窮，主要在於它能經由資訊交流促進民主發展、人際溝通與商品行銷。

　　資訊發達加速民主政治發展，促進政府與人民的互動。政府利用資訊傳布，說明公共政策，闡明政治理念，方便人民了解國事，人民經由資訊反映民意、表達意見，供政府參考。在民主社會中，報刊代表民意監督政府，往往被視爲行政、立法、司法三權之外的第四權，美國總統尼克森任內發生的水門案[4]，便是在「華盛頓郵報」報導之下被揭發不法竊聽，致使黯然下臺。

　　報刊提供了人際溝通管道，各種見解都可以藉由言論廣場及副刊，適當的表達，培育了民主社會的凝聚力，也提高了對政治社會的關心。不同意見的人士利用報刊雜誌陳述己見，交換訊息謀求共識。譬如每天的天氣預報、文教消息、社會動態、醫藥專欄等，皆會引起大眾的關心與討論。副刊提供了創作園地，讓讀者與作者交流，提升了知識水平，豐富了精神生活。

　　廣告的多寡決定了報刊的存續與盈虧，無論商業產品、娛樂消息或徵人啓事等，皆提供了報業的重要財源。一般報業仰賴廣告收入多於訂戶承購。廣告雖以商業利益考量爲主，但讀者經由廣告的介紹，則可以有效的掌握各種交易行情、商業活動、投資理財的資訊。

　　然而，報紙的發行儘管有利社會發展，但也帶來許多負面效應。許多社會主義及開發中國家，將報刊視爲政府統治的宣傳工具，引人

4　一九七二年六月十七日正值美國總統大選期間，民主黨位於華盛頓總部的水門大廈發現小偷，當場遭警察逮捕。起初各界以爲這是普通的竊盜案件，後在華盛頓郵報記者的追查下，發現這些小偷乃是欲尋求連任的共和黨籍候選人尼克森的手下，他們潛入民主黨總部竊取機密資料，安裝竊聽器。在華盛頓郵報的不斷追蹤報導下，司法機關介入調查，發現更多尼克森爲求勝選所使用的種種不法手段。一九七四年八月八日尼克森在司法與輿論調查下，涉嫌教唆而被迫宣布辭職下臺。

詬病；在資本主義國家，報刊易常被政黨或少數財團壟斷，淪爲私人牟利奪權的工具，使問題叢生。報業投資龐大，財務考量不可或缺，報業鉅子不得不以利益爲出發點，兼而宣揚理念，例如一八九八年的美西戰爭[5]，即是受到「紐約新聞報」及「紐約世界報」的相關報導所促成。此外，已開發國家挾其先進地位，往往以本身的立場報導全球新聞，對開發中國家做不利評述，也影響新聞的眞實性與客觀性。

圖5-6　一九七四年尼克森宣布辭職的報導。

圖5-7　揭發水門案的華盛頓郵報記者，左爲伯恩斯坦，右爲伍德。

5　一八九八年美國戰艦「緬因號」在西班牙殖民地的古巴哈瓦那港發生爆炸，美國指爲西班牙所爲，隨即宣戰，戰爭歷時一百一十四天，西軍不支，宣布投降。戰後美國獲得菲律賓、古巴、波多黎各等地，美國帝國主義勢力伸入亞洲與中南美洲。

圖5-8 美國報業鉅子普立茲（右）與赫斯特（左），他們旗下的報紙競爭激烈，為
　　　吸引人購買，提高銷售量，報紙報導內容無不具煽動性，當時稱之為「黃色
　　　新聞」。一八九八年這場報業競賽達到高潮，兩大報業集團的報紙大肆渲染
　　　「緬因號」事件，力主與西班牙開戰，導致美西戰爭的爆發。一九〇三年，
　　　普立茲捐款二百萬美元予哥倫比亞大學開辦新聞學院與「普立茲獎」，後者
　　　成為美國目前新聞從業人員的最高榮譽。

問題與討論

一、臺灣現在幾家著名的報社每天大約刊行四十頁，這些版面各有何特質？你如
　　何選讀？

二、請觀察各家報紙，對同一個事件，有何不同的處理方式？

三、有人比喻報紙媒體是三權之外的「第四權」，為什麼？你覺得臺灣的報紙有
　　發揮「第四權」的作用嗎？

四、閱讀下列資料，想想看何謂新聞自由？

　　1.清政府於光緒三十三年（一九〇七）十二月公布「大清報律」，從第十條
　　　到第十四條，連續有五個「不得揭載」：

◎訴訟事件經審判衙門禁止旁聽者。

◎預審事件於未經公判以前。

◎外交、海陸軍事件，凡經該管衙門傳喻禁止登載者。

◎凡諭旨奏章，未經閣鈔、官報公布者。

◎詆毀宮廷之語、淆亂政體之語、損害公安之語、敗壞風俗之語。

……天津「日日新報」記者寫了一篇揭露〈中俄密約〉的新聞稿子，激怒慈禧太后，把記者抓到刑部，「立杖斃之」，並查緝同黨。

　　　　　　　　　　—李瑞騰，「不得揭載」與「吾人深信」，聯合報

　　　　　　　　　　八十八年九月一日

2.美國憲法修正案第一條：「凡合眾國公民……皆有言論自由、出版自由……」（一七九一）……一九七四年美國總統尼克森因水門案宣布辭職，……華盛頓郵報記者伯恩斯坦與伍德二年鍥而不捨的報導，克服來自各方的阻力，是揭露美國有史以來最嚴重醜聞案的重大功臣……。

　　　　　　　　　　—John Vivian, *The Media of Mass Communication*.

　　　　　　　　　　Boston: Allyn and Bacon, 1991, p.267

第二節　廣播電視的崛起與發展

廣播的崛起與發展

　　廣播是人類訊息傳遞的一項重大突破，也是人類文明進展的重要里程碑。在此之前，人與人之間的聲音傳達，受限於生物本能及地形條件，對象一定，範圍有限。待廣播事業突破空間局限，對人類生活方式產生重大影響。廣播與報刊不同，偏重感官訴求，掌握情緒反應，影響直接且顯著。廣播之發展，受惠科技之進步與突破。十九世紀下半葉無線電波被發現，不久，以無線電傳送信號及聲音的技術獲得突破，從此掀起了各國無線電臺廣播事業的發展。

　　廣播事業之發展由美國開始，一九二〇年美國匹茲堡的KDKA廣播電臺開始發音，展開廣播時代的新紀元。第一個節目是播報美國總統大選，哈定與柯克斯的選舉結果，引起轟動。事實上，KDKA並不是最早開始播音的電臺，但卻是第一個取得營業許可證。以後廣播界

圖5-9　二〇年代KDKA電臺報導美國總統大選的開票實況。

　　爲了減少競爭，出現實驗性聯播節目，並開始有了聯播網。一九四三年美國廣播公司（ABC）正式成立。

　　一九二〇年代蘇聯、英國、法國也開始陸續發展廣播事業。蘇聯土地遼闊，語言複雜，建立普遍廣播網不易，一九二二年中央無線電臺被命名爲共產國際廣播電臺，開始蘇聯的廣播事業。英國廣播公司（BBC）於一九二七年成立，屬於公營事業，在此之前英國廣播公司已經存在，不過爲私營性質。法國於一九二二年成立巴黎廣播電臺，早期有公營、私營兩種。二次大戰後，戴高樂政府接管了所有私營電臺，法國政府壟斷了廣播事業。日本廣播事業則於一九二四年後開始發展，首先成立「中央放送局」，以後改名爲「日本放送協會」（NHK），由國家經營，成長迅速。三〇及四〇年代，亞洲、非洲國家開始有一些外人資助成立的電臺，六〇年代以後，隨著衛星以及傳送技術的更新，廣播獲得更大的進展。

圖5-10　一九三三年羅斯福總統利用「爐邊談話」與民眾溝通，宣揚施政理念。

廣播的特色

　　廣播靠收音機接收，品質良窳關係著廣播事業發展。早期收音機以「聽到」為指標，稍後開始重視音質及外觀。收音機成為家庭重要擺設物、裝飾品，晚期以來則強調方便。隨身聽普遍流行，聽廣播不再駐足一地，可以隨心所欲，開車、上班、步行之際，皆可收聽，廣播魅力無遠弗屆。美國廣播公司早期多屬私人所有，為娛樂用途。歐洲廣播公司則多為政府所有，從事教育、文化及提供消息。一九二〇年代以後廣播獲得廣告業的重視，開始傳播大眾文化，於是廣播節目製作由晚間及休閒時間的音樂欣賞發展為白天的談話、戲劇及文化等多樣性節目。二次大戰期間廣播朝新聞專業發展，現場報導各地發生的事情，傳送給聽眾，使得廣播的影響力更為深遠。

圖5-11　「全德國人民靜聽元首講話」：德國納粹政府很早就察覺廣播的力量而加以利用，圖為第二次世界大戰期間希特勒的廣播宣傳。

　　廣播除了可以滿足感官及生活需求之外，更成為政治人物進行政令宣導的工具，如一九三〇年代，美國面臨世界經濟不景氣衝擊時，

失業人口增加，舉國陷入徬徨迷失、不知所措的動亂之中，美國總統法蘭克林・羅斯福發表「爐邊談話」，其親切、動人的話語，鼓舞了美國人走出經濟不景氣的陰霾。二次大戰期間，英國的邱吉爾、德國的希特勒及義大利的墨索里尼，利用廣播喚起民眾的愛國意志，踴躍為國犧牲奉獻。二次大戰結束時，日本天皇也是透過無線電廣播，向盟軍宣布無條件投降。

電視的崛起與發展

電視之發明與硒元素發現有關。硒能產生「光電效應」，將光變成電信號發射出去。一八八四年德國工程師尼普科據此發明了電視掃描盤，達到「傳眞」效果，後人稱他為「電視鼻祖」。之後英國人研發出機械電視，將電視畫面從英國倫敦發射至美國紐約。二十世紀三○年代為電視研究與實驗的重要時期，各先進國家紛紛投入人力及財力從事研發工作，除了英國之外，美國人發明了電子圖像顯示管，將電視發展帶入新的階段，而德國、蘇聯亦有相當成就。二次大戰爆發，各國的研究工作均告停頓，待二次大戰結束後，電視發展受科技日新月異的影響，由彩色電視到衛星直播，再到有線電視，畫面更加清晰，影像更為逼真，電視傳播遂更趨向多樣化發展。

電視的發展與經營方式，不外公營及私營兩類。電視臺依其性質分商業電視、公共電視及有線電視。商業電視臺連結成網，互相轉播或提供節目，公共電視通常由獨立基金會經營，播放公益性而非商業性節目，為公眾提供教育或服務。有線電視崛起於一九七○年代，經由衛星向有線電視用戶播放節目，種類繁多，觀眾可自由選

擇收看，較著名的有美國的家庭電影院（HBO）、有線新聞電視網
（CNN）、音樂電視臺（MTV）、娛樂和體育電視臺（ESPN）。

電視的影響

　　電視之影響勝於廣播，在於它可以發揮千里眼、順風耳的神奇效
果，滿足觀眾眼見爲眞、天涯若比鄰的臨場感。因此電視報導的眞實
性、客觀性、公平性，備受各方的關切。

　　電視的播出以聲光畫面爲主，魅力無遠弗屆，就其功能而言，分
爲娛樂、政治（新聞）、教育、生活方式（廣告）、文化及心靈等六
大部分：

　　1.娛樂方面：提供家庭成員休閒，以音樂及文藝戲劇爲主；觀眾
不僅可經音樂歌曲鬆弛工作上的壓力，並可藉戲劇投射內心的壓抑。
此外，電視節目塑造了明星人物，使得昔日英雄不再，銀幕偶像成爲
大眾崇拜對象，歌星、影星、運動選手成爲家喻戶曉的人物。

　　2.政治方面：政黨集會、國會演說、國會實況漸爲人知，現場節
目增加來賓和觀眾互動，對問題有深入了解。電視新聞影響深遠，二
次世界大戰期間，各廣播公司派記者報導戰地消息及外交事件，越戰
期間美國有線電視網（CNN）將美軍戰死慘狀、越南鄉村遭烈火焚
毀、嬰兒嘶喊哭叫的情形播出，刺激美國人反戰情緒，影響美國人作
戰意願，進而質疑政府決策。

　　電視對政治影響以選舉最大。一九六〇年美國總統大選，儘管尼
克森聲望、資歷均較勝一籌，但甘迺迪年輕、俊逸的外表與流暢的口
辭，經由電視傳入每一個家庭中，獲得深刻印象，結果以些微選票領

先，入主白宮，此後，電視成為選舉
的主要工具。一九六〇年代後的美國
歷屆總統選舉，均舉辦電視辯論會，
不僅使總統候選人減少舟車勞頓，也
使選民對候選人的政見更加清楚。

3.教育方面：提供社會、家庭及
學校教育所需的各種資源，並且跨越
時間與空間的限制，成為最有效的教
學媒體之一，許多失業青年利用電視
充實自己，並獲得相當成果。

4.生活方式方面：提升了生活品

圖5-12　三〇年代電視機的問世。

質，但也為人類社會帶來莫大衝擊。電視廣告刺激消費，促進社會經
濟繁榮，但廣告商為吸引觀眾，也製作出低俗、譁眾取寵的節目，以
致敗壞社會道德。

5.文化方面：促進不同地區的文化交流，增進對異域文化的了
解。不同廣播頻道加速多元文化發展，促進社會經濟繁榮，電視建構
了一種以感官凝聚為中心的地球村文化。全體觀眾觀賞同一節目，聽
一樣的新聞，看相同產品廣告，不同地區的人凝聚在一起，形成多元
文化下單一價值觀的奇特現象。

6.心靈方面：隨著電視發展，人們依賴電視日深，電視技術的改
良如分割畫面以及遙控器的問世，固然方便了使用者，但對人際關係
也產生不良影響。遙控器可以隨心所欲，依個人所好，瞬間將不滿意
的節目消聲匿跡，影響人們在日常生活中對不滿事物缺乏容忍的耐
心，易憑個人好惡處理事物。

圖5-13　一九六〇年美國總統大選第一次電視辯論實況傳播。

圖5-14　印度人民守在電視機前：第三世界國家的人民多半買不起電視，電視普及率低，但對電視節目仍趨之若鶩，常常全村居民坐在一起欣賞電視。

問題與討論

一、到圖書館蒐集相關資料，說明法蘭克林・羅斯福、邱吉爾、希特勒、墨索里尼等政治人物如何借助廣播來進行政令宣導？

二、近年來臺灣的有線電視日趨普及，民眾可選擇的電視頻道多達數十個，你認為哪些頻道的節目具教育功能？為什麼？

三、什麼是「公共電視」？其存在的重要性何在？

第三節　通訊事業

通訊事業的崛起

　　通訊是人際往來、消息傳播的重要途徑，早期採烽火、旗號、擊鼓等方式，待文字發明後，通訊方式逐漸擴大，但仍受限於山脈、河流、沙漠、湖泊等自然環境的阻礙，傳送不便。邁入二十世紀後，交通工具大幅改善，傳播者與接受者的距離縮短了，資訊停留在傳播管道中的時間也隨之減少，但仍無法擺脫地形、天候的因素，其效果有限。

　　通訊事業之發展與無線電波之發現與運用有關。電波是通訊的命脈。十九世紀初，物理學家發現電流可以影響磁針轉動，進而研究出電磁的力量可以呈波浪的形狀在大氣中運行，就像丟一顆石子到湖水中產生一串串漣漪，從此進入長距離通訊的電子時代。隨著科技進步，發射及接受器材不斷更新，由真空管到電晶體，突破了通訊的瓶頸，使得通訊範圍日益擴大，時效日趨快捷，資訊傳播也邁向同步化。

無線電報的使用

　　在各類通訊器材之中，無線電報的發明是最重要的突破。其發展從有線到無線、由密碼到文字，加速了資訊的傳遞。早期電報係有線傳送，一八三○年代英、美研究人員發明傳送系統，將訊息譯成密

碼，經電線傳達，再譯成文字。其中以美國的摩斯電碼影響最大、採
用最廣。後經改良，可以傳遞並印出普通文字。十九世紀下半葉，無
線電波開始受到人們注意，電報亦由電線改為微波傳送，每五十公里
裝設微波發射臺，不再利用電線桿，文字的傳送更加容易。到了現
代，衛星傳送系統的發明，更使世界各地都能同步傳播重大事件的訊
息。

電話的使用

西元一八七六年，美國人貝爾發明了電話，掀起了另一次通訊革
命。此後人與人之遠距溝通，不再只依賴文字、電報，而可以直接經
由聲音通訊。早期電話處理範圍有限，聲音不清楚，隨著科技的進
步，通訊品質大幅改善。一九六五年起，通訊衛星開始越洋傳播消
息，電話功能日趨重要，成為日常生活不可或缺的工具。尤其是急難

圖5-15　發明摩斯電碼的摩斯。

圖5-16　貝爾。

圖5-17　早期英國的電話廣告與電話亭。

求助的電話更受歡迎。在英國，救難電話設定為「九九九」，據說是
由於九號撥的時間比較久，可以讓接線生保持冷靜。行動電話問世之
後，電話的使用擺脫了空間的限制，可以隨心所欲，更影響了人們的
工作態度並改變了生活的方式。

通訊衛星

　　通訊衛星出現後，通訊較不受天候、地形影響，美洲、歐洲發生
的事情，經由衛星立即可傳至其他地區。
　　通訊衛星是偶然發現的技術。一九四六年美國海軍發射到月球的
雷達信號被反射回來，激發科學家進一步研究，發射一個大汽球取代
月球，作為通訊使用。一九六○年回聲一號升空，開始了通信衛星時
代的來臨。一九六二年美國發射天王星一號通信衛星，首次完成越洋
轉播電視訊號的任務，從此通信衛星成為電視轉播的重要媒介。

　　衛星傳播最大的特色是容易跨越國界，同時對許多國家的聽眾提供服務，減低製作成本。今天，幾乎世界上所有國家皆可分享衛星通訊的成果，但真能在衛星科技上擁有一席之地的，僅少數先進工業國家，其中以美國最居優勢。由於衛星普遍，乃有國際性通信衛星組織出現，其中以「國際電信衛星組織」最重要，至一九八五年止，已有一百零九個會員國，十五枚通信衛星。臺灣在一九六九年成立臺北衛星中心，使用國際電信衛星組織位於印度洋及太平洋上空的衛星，並於一九九二年訂定為期十五年的太空計畫，預計發射三枚衛星。首枚衛星由臺灣與新加坡共同投資，已於一九九九年一月發射成功。

光纖的使用

　　隨著通訊事業日益發達，傳統的輸送方式已無法滿足要求，於是轉而研發光波，利用光來通訊，促成光纖的使用。光纖於一九五五年由印度科學家卡潘尼所發明，一九六六年英國人開始利用光纖取代傳統銅線，美國電報電話公司（AT&T）則加以跟進，在芝加哥埋設光纖電纜，開始通訊史的新紀元。

　　光纖體積小、速度快、傳送品質佳、易於保養，一條光纖可以取代好幾千條電線，並且可與電話、電腦科技合作，傳送聲音、圖表、文字、影像，人類文明從此進入資訊時代的新階段。

通訊社之發展

　　爲配合報紙發行量激增，對新聞的需求量增加，通訊社於十九世紀上半葉出現。通訊社專門採集各地新聞，並以較經濟的訂費同時供給報紙、廣播電臺、電視臺，實現了社會分工，促進了新聞事業的發展。

　　最早的通訊社爲哈瓦斯通訊社，一八三五年創辦，設於巴黎，二次大戰期間，巴黎失陷，哈瓦斯通訊社分裂，至戰後正式解散，改爲法新社。

　　目前世界上包辦了全球大部分新聞的通訊社，有總部設於巴黎的法新社、設於紐約的美聯社，和設於倫敦的路透社。前蘇俄的塔斯新聞社規模與三大通訊社足可匹敵，但不同的是，塔斯社是蘇俄政府的一支，主要目的在宣傳政府政策，其影響力來自其官方身分。亞洲的第一個通訊社是日本的時事通訊社，中華民國的中央通訊社是繼日本、土耳其之後，第三個在亞洲創辦的通訊社。

圖5-18　美國二〇年代的電話接線生。

通訊事業之進展

通訊事業自進入電傳時代以來，一直採用模擬技術，進行複製、儲存及傳送訊息。這種技術係採用波動理論，如電話，先將聲波轉換為電波，再利用電話線傳送給對方，然後再重新透過機器將電波轉回聲波。在傳送過程中，由於信號被干擾，常會失眞或不清楚。至於收音機及電視機也是利用這項原理進行傳遞。二十世紀九〇年代以後，通訊事業進入一個革新的時代，過去的模擬技術轉變為數字技術，也就是一般所謂的數位革命。譬如電話網路，說話人的聲音被轉換為0與1的數位，收聽者再由0與1的數位轉回聲音。數位技術修正了模擬技術的許多缺失，譬如增加頻道的使用量，以前一條線路只容許一通電話，現在可以同時進行許多通電話，其次，收話及收視的品質改善，且不受干擾，最後數位促成多媒體的發展，如數位照相機、電視機。

通訊事業對社會之衝擊

通訊是一項科技也是一種企業，代表二十世紀人類文明的新成就。隨著科技技術的研發創新，通訊器材逐漸整合，電話、電視、電腦跨越了傳統的界限，發展了整合型的產品，人們可以從電視上看到影像，由電腦上打開視窗，在行動電話中留下資訊。大規模的整合為社會帶來新的風貌，商場上出現併購風潮，家庭生活作息生變，人際來往方式轉變，社會競爭日劇，現代人已無法閒雲野鶴式的逍遙自在

度過一世，終其一生受制於通訊工具，人成為科技的附庸及俘虜。

通訊事業發達，加速了辦公室、工廠與家庭的自動化，影響生產結構的改變，新的工作機會出現了，人類生活更邁向資訊化、一體化，社會也更為開放而邁向全球化。然而，通訊事業須靠公共設施運作，一旦公共設施不足或遭受破壞，將導致社會的失序現象。因此通訊雖擴大了個人視野、增進人際關係，但也造成現代人對社會依賴日深的普遍現象。

問題與討論

一、通訊衛星的出現使資訊傳播更為迅速，今日人們可以透過電視現場轉播，觀看世界上任何地方正在舉辦的球賽，便是拜衛星之賜。試舉例說明在日常生活中有哪些資訊是經由衛星所提供的？

二、請根據你在一九九九年九二一大地震中震驚時的心情，說明通訊器材對社會產生之重要性。

三、某行動電話製造商以「科技始終來自於人性」為其產品號召，試從通訊事業百年來的發展過程，評論通訊科技與人性的關係。

第四節　電腦及網路傳送

電腦的發明與發展

　　電腦之發明與數學計算有關，最早的電腦是爲了統計人口普查所需而催生，一九四三年，第一部電腦馬克一號在美國製造成功，被應用於加減乘除運算，開啓了人類的電腦時代。

　　早期電腦體積龐大，耗電驚人，必須由專家操控，靠電子開關運作。其後逐漸進步，從眞空管、電晶體到電腦晶片，由大型主機至個人電腦，電腦體積日益縮小，電腦功能日趨增加，誕生了現代電腦產業。

　　電腦的功能有四：1.計算功用：電腦一詞來自算術運算，主要功能爲運算，協助人口統計，幫助軍方軍事作戰，延伸至人事管理及庫存管制。2.文書處理：當電腦由打孔卡發展爲終端機，加上個人電腦的開發，電腦功能大幅改變，資料處理成爲主流，各行各業雇用程式人員撰寫應用系統，待套裝軟體出現後，文書運用更趨普遍。3.電玩遊戲：隨著個人電腦取代大型主機，電腦之功能更爲豐富，以前令青少年沉溺的電視遊樂器如今已被電腦軟體取代，電腦之應用由工作到娛樂，從大人至小孩，其魅力無與倫比。4.傳訊事業：電腦與資訊及媒體結合，深入每一個人的生活領域之中，包括繳稅、監督家事、玩遊戲、查詢資料、與人通訊、聽音樂，與看新聞等工作，電腦無所不能，主宰了人們生活的每一個層面。除了軟體之外，電腦硬體也逐日進步，由固定場所到隨身攜帶，從桌上型到筆記型。過去固定時間、固定空間的作息方式也受到重大衝擊，人際關係雖然互動頻繁，但彼此的心靈交流卻日益疏離。

圖5-19　馬克一號電腦：早期電腦體積
　　　　龐大，人可進入內部維修。

圖5-20　微晶片的內部構造。

　　　　電腦的出現代表人類文化發展的新趨勢，其中最大的轉變是傳統
觀念中的「真實」性愈來愈遙不可及。農業時代人與自然保持一種物

理世界的真實感；工業
時代人與自然透過機械
而互動；資訊時代人所
接觸的是螢幕，奠基於
科技的合成世界逐漸浮
現，使得虛實之間的差
別愈來愈難區分。「虛
擬真實」成為電腦文化
的特徵之一。

圖5-21　網路新聞論壇。

網路的崛起

網路崛起於一九六〇年代的美俄爭霸時期。蘇俄首先於一九五七年成功地發射史普尼克一號人造衛星，美國急起直追，隨即成立先進研究計畫局（ARPA），加強研究國防安全。為了避免戰爭時電腦系統中樞遭到破壞，先進研究計畫局於一九六八年設計出一個無控中心的網路系統，使資料在電腦當機情況下，仍能在線上自由流通，開啓網路新頁。

網路通訊靠網路轉接點，發展過程有三：首先是一九六九年在加州大學洛杉磯（UCLA）分校設立了第一個網路轉接點，成功地讓不同空間的遠端電腦互相連接，傳遞訊息；其次是建立通訊協定，讓電腦網路連接起來統一運行；第三是採開放系統，將分散各地的超級電腦連線起來，讓科學和技術人員能夠更密切合作。先進網路服務（ANS）使得網際網路邁向商業化及民營化。待全球資訊網（W.W.W.）及網際瀏覽器問世後，網路進入了新的里程碑，全球資訊網幾乎成了網際網路代名詞，使用者進入首頁之後，可隨心所欲連結其他網址，甚至與素昧平生的人相交談或藉電子郵件來往。

隨著網路應用的生活化，對傳播速度的需求相對增高，寬頻網路成為無法抵擋的趨勢。寬頻是指將傳遞資訊的線路頻寬[6]擴大，速度上比使用傳統電話快了近百倍。

---

6 通訊媒體上所傳輸的訊號，不論是電波或光波，都有不同的頻率。這些波的頻率會由於通訊媒體的物理特性，而受到一定的限制，也就是最低容忍頻率與最高容忍頻率。如果將某通訊媒體可以忍受的最高頻率減掉最低頻率，即可稱為這通訊媒體的頻寬。頻寬越高，傳播速度快，反之亦然。

圖5-22　舊金山的網路咖啡廳。

網路的特色

　　網路的主要特色是：呈流動而非固定狀態，且沒有距離遠近之分；以光速來認知社會的流動過程；開放性而非封閉式的結構，能夠無限制地擴展；具有立即處理的能力；不停的解構和重構；並有對話的機制，令人沉溺其中而不感到孤獨。

　　網路改變了文化中的時空觀念。網路文化的時間觀念不同於傳統的自然時間及現代的時鐘時間。傳統的自然時間，作息依太陽起落、月亮圓缺，沒有分秒概念；現代時鐘，採機械鐘錶，分秒必爭；網路時間混合了各種時態，可以技術逃脫現實的時間，強調彈性管理自己的時間。網路的空間是一種虛擬實境的狀態，在這個空間中沒有內、外、遠、近、這裡、那裡之分。自我與他人、男性與女性、自然與機器也不再有區隔。

電腦網路的影響

　　電腦促使人類歷史發展邁入資訊社會，對政治、社會、教育、經濟生活皆產生重大影響。

　　1.政治方面：加強各國間的互通與往來，尤其對共同事務的認識與了解，減少國際間危機可能發生的衝突，但由於各國經濟條件不一，南北半球國家差距愈來愈大。資訊社會主要存在於北半球國家，尤其是先進的工業國家，對南半球及第三世界影響不大，導致南北之間，工業國家與未開發國家的差距日深。此外電腦網路本身具隱密性、自由性，因而會形成制約性較低的人格，許多人在網路上我行我素。相反地，資訊也比較容易遭到惡意破壞，使得恐怖主義的活動更易得逞；而電腦病毒所造成的破壞，如攪亂航空運輸、銀行網路等，更令人憂心不已。如何遏止網路的犯罪成為刻不容緩的工作。

　　2.社會方面：科技發展創造經濟成長，製造工作機會，新產品、新產業，造就人才，提升物質水平，改善社會品質，豐富生活內容，延長人類壽命，但也影響許多人因無法適應而陷入困境。此外電腦加強自動化生產，帶來許多大量重複性的機械工作，如何讓勞工融入資訊社會，獲得尊重，關係著社會的和諧互動。

　　3.教育方面：隨著網路之普及和發展，傳統教育局限於校園的特色逐漸被打破，遠距離教學、多媒體教學興起，搜尋資料更為便捷。但網路加入教育行列，影響到學校老師的傳統地位，而且網路訊息的正確性亦挑戰老師的權威，尤其一些商業及色情網站給予青年不少負面影響。使用電腦的人可以分為兩類，一類人懂得電腦程式，另一些人只會按鈕，形成少數智者與多數使用者之落差。

圖5-23　九○年代美國某中學正在進行多媒體教學。

4.交友方面：電腦交友是人際關係的流行趨勢，有助於接觸更多的異地朋友，擴大視野。唯用於愛情，其所引發的後遺症卻也令人憂心。因此在利用網路交友，尤其是談情說愛時，應該知道其與傳統的不同。男女交往「一見鍾情」最重要，總是看順眼後才會追求，一旦看不上也就沒有下文、不會繼續往來；網路不然，任憑語言互通訊息，惟不見對方，只是文書連絡；一旦見面，若非意中人選，該如何是好。丟不掉、理更亂，使得愛情遊戲帶來諸多困擾，因此網路固然可以找到談得來的人，但卻不一定是看得上的人。網路交友迅速方便，但也考驗了愛情的忠貞與互信。

5.經濟方面：經濟不外乎生產與消費。在電腦資訊社會之中，從事勞力生產的人逐漸減少，但從事生產構想、市場調查、銷售服務的人卻相形增加。他們擁有最新科技、最進步的資訊系統，由廠長至裝配工人一起工作，在外表上分不出階級，每個人可以自由選擇工作時間，使工業社會中藍領、白領的階級對立日趨消減，工作的畫分不再如昔日那般明顯。至於消費方面，現代人透過電腦購買物品，消費的

不是物品本身，而是貨品的說明及指引。改變了人的購買觀念，使得貨品重視形式與包裝。除了上述之外，電腦資訊中對人生的態度，也造成重大影響。有人曾說，現代人處於上帝（信仰）與電腦（科技）的角力，信仰幫助人們面對問題，科技協助人們解決問題。電腦的科技可以排除萬難，但無法幫助人面對自身的不安與焦慮，如何讓人安身立命，或許是電腦永遠無法取代人腦之處。

　　除了上述之外，過分依賴網路導致人際之間關係改變，人與人的通訊增加，感官互動減少，都市空間相對縮小。此外，網路改變了傳統的倫理規範，如何建構新的網路倫理迫在眉睫。

問題與討論

一、閱讀短文，回答問題：

　　　　我送給了即將遠行的 F 一份禮物；禮物是私郵。

　　　　送甚麼？他驚訝地看著我，似乎很懷疑我說的話。

　　　　私郵啊！專屬的私人郵務士，不但能將信件送到面前，還能依照不同的寄件者姓名，分類至自己早已經準備好的每一個不同的親友信箱中。

　　　　倘若在東京錯綜複雜的鐵路裡，幾條私人建設的軌道可以稱做「私鐵」，那麼我的私人郵差當然也就能叫做「私郵」了。

　　　　我解釋著，原來，每一位經常與我書信往來的朋友，在我這兒都擁有個人信箱。信箱上有特製的名牌，打開名牌，就蒐集著他們寄來的郵件。

　　　　起初名牌寫著朋友的名字，但後來卻覺姓名畢竟很難顯露出一個人的特質，不如想些特別的。於是，我將自己對朋友的印象，融合了一些對他們有意義的詞語，作為了新的信箱名牌。「南方安逸」代表住在南方的朋友；「時代廣場」是一個曾與我共有紐約記憶的同學；「鎖上賭城」是在拉斯維

加斯點燃感情的女孩；「飛揚在松山」則是正在松山機場服役的男孩……。

倘若朋友寫信來了，私郵就會將信件安好地放置於這些人的信箱裡，而信箱名還會閃動成色澤明顯的字體，於是，誰來信了？來了幾封？一目瞭然。

因為實在很方便、很有趣，我決定將如何獲得私郵的程序和步驟，告訴 F。他興高采烈地學會了，想必他會帶著這個方法，在他定居到西半球以後，也擁有一位屬於他的私郵。即使距離我所居住的福爾摩沙，兩地真是太遙遠了，但只要我們一通信，私郵肯定會不辭辛勞，以最快的速度將信件送抵彼此的個人信箱裡。

只是我又想，當他有了私郵以後，會為我設立一個個人信箱嗎？

算了，我不問，他也不要告訴我吧！就像我告訴 F，他在我這裡有一個以「未來」為名的信箱之後，未來卻將走遠了。

人生究竟比分類信件，難多了。

他即將遠行，而我僅能做的只是送給他一位私郵。

一位看不見的郵差，在我們的電腦裡。

—張維中，私郵，聯合報八十八年八月二十八日

1.「私郵」是什麼？你有「私郵」嗎？就這篇短文而言，「私郵」有哪些好處？

2.你認為網路的普及帶來了哪些好處？

二、蒐集相關資料，探討現代資訊工業發達的原因及對社會的影響。

第六章　日常生活與大眾文化

　　文化是人類由生活經驗所獲得的知識與智慧，舉凡人類的生活方式，包括食、衣、住、行、育、樂等生活內容，皆屬文化範疇。

　　過去人類生活受制於自然環境，加上資訊傳播不發達，除了少數菁英分子之外，一般人的生活內容不僅貧乏而且缺少記載，史蹟考證及文獻報導亦多限於貴族生活，文化成為菁英人士的代表；隨著科學革命、工業革命、都市社會化之後，人類生活突破自然束縛，加上教育普及、傳播事業發達、日常生活受到重視，文化表現由顯貴而惠及群眾，大眾文化於焉而生。

　　大眾文化是現代資本社會之產物，具有普遍性、一致性與通俗性，即便少數未開發國家，在客觀條件限制之下，未能並駕齊驅，但在傳播技術影響之下，依然可以感染到文化的氣息。

第一節　現代資本社會

資本社會的形成

　　人類社會發展歷經狩獵社會、農耕社會、工業社會及資訊社會四個階段。現代資本社會泛指十八世紀末期工業革命以來，以機器爲生產工具、市場爲消費導向的工業社會及資訊社會而言。

　　工業社會最早出現在英國，法國、比利時、美國隨之跟進。資本累積由能源探勘、技術研發至市場獨占，進而促成帝國主義的擴張，導致二十世紀世局動亂不安，戰爭不已。資訊社會約於一九九〇年代左右成形，與工業社會之不同，在於處理的問題大半是資訊產品而不是傳統產品。

　　現代資本改變了傳統以來的社會結構與生活方式。傳統社會以勞力爲本，現代社會則以智力爲主；以前工作性質爲生產，如今則是資訊的創造、調查與分析；工業社會重視勞動價值論，資訊社會強調資訊價值論。

圖6-1　工業革命的成果——一八五一年倫敦水晶宮博覽會。

　　現代資本社會則依都市爲生，追求大規模生產，講究專業分工，強調集中管理，重視同步發展。生產的目的不是爲了需求，而是製造更多；爲了銷售，不得不刺激消費，打破了過去農業時代生產與消費的和諧關係，進而導致各國競相逐利，發展民族經濟，嚴重影響地球生態。二次世界大戰後，這種無止境的競爭，爲全球經濟發展帶來隱憂，如何重視整體和諧，尋求世界性的市場調配與專業分工，成爲現代資本社會努力的方向。

資本社會之運作

　　資本社會之發展與資金之取得與運用關係重大。狩獵、農業時代經濟運作，沒有資本觀念，發展至工業時代之後，個人無法獨立經營，有賴資金累積及聘用專人管理，資本觀念形成。工廠及公司是其具體表現。

　　公司之組成由股東集資，透過董事會運作，聘用經理人員管理，利用廣告刺激市場消費需求，達到營利目標。在資本社會中，生產有賴消費需求，一旦消費能力不足，生產即將停滯。

　　公司的發展由於競爭激烈，兼併是必然的趨勢，由股份公司到聯營至托拉斯，最後成爲控股公司，形成大公司壟斷，小公司難以立足的局面。如美國洛克斐勒的石油業、卡內基的鋼鐵業，造成社會的不公，亦引起政府關切，而給予適度的制裁。

消費形態的改變

　　「消費」關係著現代資本社會的發展得失。傳統社會經濟活動重視生產，很少論及消費，經濟學家關心的主題多為生產工具及其所形成的生產關係與社會關係。自從機器取代人力，從事大規模生產之後，消費及銷售的方式即為各國關切。

　　消費方式受貨幣及交易行為左右。貨幣的使用關係著人類文明的變遷與成長。游牧及早期農業社會採以物易物的方式，解決了「相互需求」的困擾，但也產生「無法找零」的困難。隨著社會經濟的發達，貨幣的流通使用，具有方便計價的特性，也有容易攜帶及儲藏的功能。

　　貨幣可以分為商品貨幣及強制貨幣兩大類。商品貨幣即俗稱之硬幣，有金銀珠寶、貝殼、珠子、石頭等，本身除了具備交易媒介功能外，也是一種商品。強制貨幣是各國政府所發行的紙幣，由政府以法令賦予貨幣某種地位，可以用來償還債務。紙幣靠購買力，以及人民對政府的金融信心來維持穩定，一旦政府金融信用不再，紙幣也就一文不值。

　　紙幣經濟到二次世界大戰之後出現革命性變化，由於紙幣行使範圍受限，加上科技發達，因而發明塑膠貨幣信用卡，這種消費形態的出現，改變了過去「先生產後消費」的習慣，成為「先消費後生產」，再配合分期付款的辦法。影響所及，現代人經濟活動不再依通貨多寡，反而循個人能力而定，加速了現代經濟的發展。

販售行為的改變

農業時代貨品販售多為市集或零售店，屬被動銷售方式，等待顧客上門。到了工業時代，由於物品增多，競爭劇烈，銷售方式改變，大型百貨公司日趨普遍，以分門別類、專櫃方式吸引顧客登門。由於百貨公司占地較廣，資金龐大，通常位於人口稠密的都市中心，無法嘉惠遠地顧客，於是便利商店及傳銷業乃應運而生。

圖6-2　第一次世界大戰後德國馬克一文不值，成為兒童的玩具。

便利商店打破過去定時營業、貨品有限的窠礙，以二十四小時服務、貨品分流的方式，因應市場快速變化的需求。便利商店與傳統零售商店不同，零售商品式樣有限，倉儲壓力較大；便利商店則無倉儲壓力，式樣繁多，貨品不虞匱乏，人們消費便利。此外，郵購及傳銷也逐漸流行。傳銷化被動為主動，將商品經由推銷人員直接登門或以電視、網路廣告方式，方便購買；郵購則由消費者依型錄選購，免除勞碌奔波。

現代資本社會的利弊得失

現代資本社會集合財力、智力而形成，以理性與科學為基礎，機械為工具，逐利為目標，在短短三百年間，重寫過去人類的歷史。現代資本社會中的個人壽命增長、生活富裕、價值多元、心靈自由開放、政治更加開放，但也威脅到傳統社會的價值體系及文化精神。

首先是能源的開發。游牧及農業時代，能源使用多止於地面開採或少量鑽探。到了工業時代，能源由煤轉為石油，從分散到集中，開啓大量生產之門，加速了經濟成長，但也導致能源危機、環境汙染、生態失衡的結果。除了廢氣、廢水、垃圾、噪音等問題外，溫室效應更造成全球升溫及海水入侵，對人類生活帶來重大威脅。

其次是人口爆炸。科技發達，使得人口出生率及存活率提高，死亡率大幅下降。紀元初期，世界人口僅約二億；一六五〇年文藝復興時代不過五億；一八五〇年增為十億；一九八七年人口已劇增到五十億。二十世紀七〇年代之後雖然成長率漸趨下降，但壓力仍然嚴重。人口爆炸影響失業問題，擴大城鄉矛盾，加速生態失衡，拉大南北差距，促成人口老化。

第三個問題是精神生活空虛。現代資本社會雖然帶來豐富的物質生活，但也造成精神空虛、價值失落，社會瀰漫一股絕望、無聊的情緒，不少人因而追求聲色刺激，甚至走上吸毒之途，形成本世紀最大的問題——吸毒及愛滋病。八〇年代之後，毒品迅速蔓延，各國亦加強合作打擊毒犯，但成效仍十分有限。由於富裕國家及貧窮國家經濟上的差異，使得貧窮國家無法徹底取締毒品。至於愛滋病之肆虐自八〇年代即成為國際最嚴重的問題，愛滋病的傳媒包括性行為、吸毒、血液感染、遺傳，主要原因來自社會和精神的空虛。唯有人類充實生

活內容，減少空虛、無聊，避免墮落，愛滋病才有克服的可能。

圖6-3　環境保護運動的勃興：圖爲國際知名的環保團體綠色和平組織正在進行抗
　　　　議。

表6-1　一九五○～一九九○年世界人口增長表

發展中國家					發達國家	世界共計
	亞洲	非洲	中南美洲	共計		
人口數（億人）						
1950年	13.0	2.2	1.6	16.9	8.3	25.2
1990年	29.4	6.4	4.5	40.4	12.1	52.5
占世界人口百分比						
1950年	51.5	8.9	6.5	66.9	33.1	100.0
1990年	56.0	12.3	8.6	76.9	23.1	100.0

＊資料來源：根據南方雜誌1990年一月號材料改編，原始材料見國際勞工組織。發展中國家亞洲數字，
　　不包括日本人口數字。自蔡拓，《當代全球問題》（天津：天津人民出版社，1994年），頁271～
　　272。

圖6-4　巴西里約熱內盧郊區的貧民區，第三世界工業化結果導致大量鄉村居民流入
　　　　城市，許多人因找不到工作而淪為貧民。

問題與討論

一、為什麼第一次世界大戰後，德國馬克會變得一文不值？為什麼世界上有些國
　　家發行的貨幣被稱之為強勢貨幣（例如美金）？

二、閱讀英國小說家赫胥黎的名著《美麗新世界》，探討物質文明對精神生活的
　　影響。

第二節 教育普及

教育的意義

　　教育是個人生活貧富、社會階級高低和才能表現優劣的憑藉。擁有教育資源、享有教育機會的人往往是社會的中堅。缺少教育機會的人往往淪落為社會的下層。綜觀歷史發展，上古時代貴族、祭司獨享教育特權；中古時代貴族、教士壟斷教育特權；近代商業社會、中產階級擁有教育權力，形成少數人享有社會多數資源的不平等現象。迨工業革命之後，政治民主、經濟發達、社會進步，平民大眾開始有受教機會，教育由少數者的權利演進為多數者責任。教育不再只是識字，而成為分辨事物的能力、就業的訓練場所。教育顯然是人類文明發展的重要指標。

　　教育可分為家庭教育、學校教育、社會教育三大類別。家庭教育順乎自然，來自父母對子女的關愛及照顧，古今中外皆然，教材以生活起居、生活技能為主；學校教育係社會養成教育，讓為人子女者學習脫離父母，踏入社會的準備，教材以配合社會需要為主，各時代、地域皆有不同；社會教育在協助社會成員面對問題，解決困難。工業革命之後，社會流動人口增加，公共問題複雜，社區組織出現，社會問題叢生，社會教育成為教育發展趨勢。

圖6-5　中古時期的牛津大學上課情況。

西方教育發展的回顧

　　大致可以分為四個階段：古代、中古、近代、現代。古代教育多在家庭進行，由父母主導，小孩經由模仿學習，獲得生活能力並認識生存之道。希臘時代雅典地區，少數知識分子聚會論學，如蘇格拉底等，成為後來教育史上的佳話。柏拉圖更創辦「學園」，提供論學場所，有人將之視為學校的起源。嚴格說來，這與近代學校理念相去甚遠，只有少數貴族有幸入學。羅馬時代教育亦限於貴族。

　　中古時代教會勢力興起，為傳播福音，弘揚教義，教會開始「教育」工作——訓練教士及抄寫書籍人員。當時學校有兩類：一類為教義問答學校，培養教會辯說教義人才；另一類為寺院，收容閱讀及抄寫聖書人才。

　　中古時期出現大學，被視為現代高等教育之崛起。中古大學是仿照當時「行會」制度而形成，屬於「教師與學生的組合」，約在十二世紀出現。最早的大學有三所，分別在法國之巴黎、義大利之波隆那及沙列諾。大學教授課程為七藝：邏輯、文法、修辭、算數、幾何、天文、音樂，為後來大學教育課程奠定了基礎。近代教育隨著人文主義發展，教育權逐漸由教會轉入社會。宗教改革推翻了天主教的格局，為了讓人人可閱讀《聖經》，識字成為必要條件。教育需求日增，迨啟蒙運動興起之後，理性主義抬頭，教育精神由信仰轉為理性，重視知識。法國大革命喚起人民自覺，工業革命改變了生產結構，百姓地位漸增，加速教育發展，由知識而專業，由少數而普及，至二十世紀，「受教育」已成為公民應盡的義務。

教育普及現況

　　現代教育普及可以由二次世界大戰結束後窺其端倪。聯合國於一九四五年成立聯合國教育、科學與文化組織，並於一九四八年十二月第三屆聯大會議中，首次通過「世界人權宣言」，將「受教育權」列入宣言，並展開全球教育工作，獲得積極成效。此外，戰後各國為求穩定政局，發展經濟文化，亦投入大量人力、物力和財力進行教育工作。根據一九七六年聯合國統計數字顯示，一九七五年全球教育經費占全世界各國國民生產毛額百分之六‧二。

　　除了經費大幅擴增，教育的內容亦開始革新，包括發展學前教育，重視基礎學科，普及中等教育，推廣成人教育，推行全人教育，加強大學綜合教育。終身教育是現代教育的思潮，美國在一九七六年頒布終身學習法，英國在七〇年代創辦開放大學，發展中的國家教育亦有長遠進步。在高等教育發展之中，美國領先，歐洲國家其次，社會主義國家普遍落後西方國家。第三世界雖大力推廣，急起直追，惟非洲部分國家仍相當落後，其中有十個國家的識字人口不到百分之二十。

表6-2　世界主要國家教育統計表

國別及年別	類別	政府教育經費（億美元）	政府教育經費占GNP比（%）	平均每人政府教育經費（%）	高等教育在學率（%）
中華民國	1985	31	5.1	147	13.9
	1990	90	7.2	423	18.9
日本	1985	677	5.1	560	31.9
	1990	1371	4.7	1113	30.5

國別及年別 \ 類別		政府教育經費（億美元）	政府教育經費占GNP比（％）	平均每人政府教育經費（％）	高等教育在學率（％）
南韓	1985	41	4.9	99	30.5
	1990	87	3.7	203	38.7
美國	1985	2695	6.7	1130	55.5
	1990	2750	5.3	1112	76.2
加拿大	1985	237	7.2	944	55.5
	1990	409	7.4	1538	
法國	1985	409	5.7	738	30.3
	1990	646	5.5	1139	40.1
英國	1985	279	5.0	492	22.3
	1990	474	4.9	823	27.8

＊資料來源：行政院主計處編，世界各國基本國勢調查第三輯，頁36～37。

教育普及的原因

現代教育普及的主要原因有四：

1.人才的需求：現代經濟發展需要技術專家，尤其是二次世界大戰之後，美國為對抗蘇俄，積極培養尖端科技人才，高等學府提供了訓練的最佳場所，刺激高等教育的擴張。

2.家長的鼓勵：高等教育提供子女未來美好生活的保障，經由教育可以獲得較高收入，提升社會地位，在拉丁美洲、亞洲國家，這種情形尤為明顯。

3.民主需求：在民主國家中，受教育是參與政治的基本條件，教育普及是民主進步與落後的依據，也是執政者權力的基礎。

4.傳播事業的影響：傳播具教育功能，透過傳媒工具如收音機、電視、電腦的使用，使教育普及到社會各個階層，加上空中大學、遠距教學、網路教學等教學資源的開放，擺脫了制式家庭教育及學校教育的成規，讓人們有更多的學習管道。

影響教育普及的人士

在教育普及過程中，有五位人士扮演著積極地重要角色，分別是法國的盧梭、瑞士的斐斯塔洛齊、德國的福祿貝爾、赫爾巴特及美國哲學家杜威。

1.盧梭，法國人，是位教育思想家，但並無實際教育行動。著有《愛彌兒》一書，主張「回歸自然」。強調自然教育，不需學校。重視兒童學習，訴諸自然懲罰，開啓自然教育的門戶。

2.斐斯塔洛齊，瑞士人。重視弱勢學童，包括家境清寒、品學低劣、身心殘障者。他幫助這些可憐卻可造就的貧民受到重視，其奉獻與付出，成爲世界各國教育改革者的楷模，被譽爲平民教育之父。

3.福祿貝爾，德國人，推動幼兒教育。他認爲六歲以前的教育，應受到重視。其教學方式是爲幼兒找個花園，他希望孩童由花園的自然景觀裡，找到宇宙的奧妙，藉此讓兒童喜歡觀察、喜歡活動及創造，顯耀自己的個性。福祿貝爾影響深遠，迄今仍有許多幼稚園以「福祿貝爾」做爲招牌。

4.赫爾巴特，德國人，強調主智教育。他希望教育工作者及研究教育的人能深深了解「教育方向」。教育不只是本能與技術，更重要是用什麼方法，進而培養「多方面的興趣」，帶領學童步向正確的途

徑。

5.杜威，美國人，二十世紀最重要的教育哲學家。主張社會本位教育，致力將教育與社會結合。杜威著作豐富，《學校與社會》，確立了學校的社會功能，使學校成為社會的縮影，並負起傳遞和改造社會的責任，此為杜威社會本位教育的主要理念。

教育普及的影響

二次世界大戰之後，隨著經濟快速發展，知識增長迅速，職業場所需求孔殷，受教人口普遍增加，初等教育發展成義務教育，高等教育人口大幅成長，工業先進國家，大學生比率占人口的百分之二·五至百分之三，惟各地普及情形不一。美國最快，歐洲國家次之，第三世界急起直追，非洲國家仍相當落後。

教育普及提升人類生命價值，豐富生活內容，擴大人際關係，增進溝通有無，影響國家發展，促進國際合作，但也因學生角色特殊化，形成學生問題。以前學生在校年限短暫，學生人數有限，不足以凝聚為一般社會勢力，如今由小學至大學平均在校年限長達十六年，學生力量不容忽視，可分為下列幾個方面：

1.政治方面：學生人數眾多對政治具有激勵作用，提升國民素養，厚植國力，但是在民主國家或社會主義國家，學生力量亦不可忽視。一九六八年法國巴黎發生學生反政府示威暴動[1]，許多國家的學

---

1 一九六八年三月二十二日巴黎郊區南岱大學，學生反對學校行政當局對言論與宿舍門禁管制，群起發動罷課抗議。法國政府宣布關閉大學，導致學生抗議活動擴大。五月全巴黎各大學學生一起走上

生紛起效尤，影響深遠。美國民主黨政府疲於應付學潮，東歐共產國家信心動搖。一九八〇年代學生大規模反政府風潮在中國、南韓、捷克等地出現，其中以天安門事件影響最大，讓共產政權正視到學生的力量。

2.社會方面：學生大量進入校園之後，學校的各種措施往往無法滿足需求，造成學生的不便與不滿。二次大戰之後出生的學生，其成長經驗與長輩不同，對於某些既有的規範認知不一，而導致衝突。譬如一九六〇年代學生騷動，造成校園暴力事件。

3.文化方面：學生文化在過去往往被誤為「次文化」、「反文化」，其實學生是一個具有強烈「自我」意識的族群，彼此相處日久，耳聞目睹，自然成為一股深具「主見」的群體，他們有活力、有創見、有特殊表達方式，尤其在藝術方面，往往掀起流行趨勢，如牛仔褲、搖滾樂，成為社會新的文化的先驅。

4.心理方面：學生就學年齡由小學至大學的期間，除在讀書、爭取名次之外，許多學生未能尋獲成就及意義，因而陷於心靈空虛與苦悶狀態。其次，學生所追求的不僅是智育上的名次，德、體、群也是生活重要的成分。如何健全學生的心靈，尋求學生的文化價值，肯定學生尊嚴，成為從事教育者重要的課題。

街頭示威，要求政府在政治、社會、教育議題上進行廣泛的改革，工人團體也加入學生行列，發動罷工聲援。學生示威過程中屢次與巴黎警方發生嚴重衝突，多人受傷。六月初法國政府和學生與工人代表達成共識，答應從事改革，這股學生運動方告落幕。

圖6-6　一九六八年，巴黎街頭學生拿石　　　圖6-7　一九八九年五月北京大學學生在
　　　　塊攻擊鎮暴警察。　　　　　　　　　　　　天安門集會，要求中共實行民主
　　　　　　　　　　　　　　　　　　　　　　　　改革，學生越聚越多，形成大規
　　　　　　　　　　　　　　　　　　　　　　　　模學潮。六月四日中共派兵鎮
　　　　　　　　　　　　　　　　　　　　　　　　壓，造成流血事件，是為「六四
　　　　　　　　　　　　　　　　　　　　　　　　天安門事件」。

　　隨著時代發展，學生的角色已不再單純保持在學校師生的互動之中，電視、電腦等媒體大量介入學習過程，往往影響了老師的地位及權威，也改變了學生的學習態度。電視廣告夾雜了大量商業利潤，是否有益教學令人質疑。此外，學生家長干預學校教學，也使得學校教學活動面臨爭議。

　　既然學校不再是教育的唯一機構，如何強調社區及媒體教學，也就成為教育改革者不可不察的一課。

問題與討論

一、閱讀下列資料回答問題：

　　甲、十九世紀初美國政府徵收教育稅以為興辦公立學校的經費，遭到各方的
　　　　反對。人們認為學校從來就是少數人所進入的地方，而且應當僅僅由少
　　　　數人入學，更應是為那些能負擔學費的少數人所設置。受教育是有錢有

閒人的事，貧窮之人哪有空閒。

——滕大春，美國教育史，p.283

乙、教育可以醫治貧窮，可以發展生產，可以富民和富國。公立學校是共和
國繼續存在的不可或缺的條件。

——十九世紀美國教育家曼恩

1.十九世紀美國民眾認爲「受教育是有錢有閒人的事」，但曼恩卻說「教育
可以醫治貧窮」，你覺得哪一方的說法較正確？爲什麼？

2.搜尋臺灣公立學校發展的相關資料，分析曼恩的教育理念是否正確？

二、學生運動古今中外皆有，中國遠在東漢時代即有太學生反抗宦官干政的記
載，近代以來中西方歷次革命運動皆有學生的參與。請到圖書館蒐集相關資
料，說明一九六八年五月巴黎學運與一九八九年六月北京天安門學運的訴求
主題各爲何？爲什麼前者可以和平落幕，後者卻以流血告終？

第三節　現代民生生活

現代資本社會的特徵

　　現代社會係指二次世界大戰後，以科技及消費型態為主的社會。自科學革命、工業革命以來，人類社會的生產方式、生活態度，朝科技發展，隨著兩次世界大戰的刺激，尖端武器的發明，帶動民間工業成長。戰後工業轉型，從軍火到一般生活所需，科技產品突飛猛進，產能大增，生產無虞，如何擴大消費成為經濟活絡的主要考量。

　　工業、科技和都市化是現代資本社會的重要特徵。工業改變了人類生產結構與消費方式，將工作由農場和家庭轉入工廠，一切步調配合機器，消費亦不例外，生活的方式須按節奏進行，時間成為社會的指標，不論吃飯、工作、睡覺都一樣。科技導致現代人生活趨向同質化，以及產品標準化，如食品、服飾、住宅、車輛等，使人們的生活方式日趨一致。都市化則促使人口的社會流動頻繁，社會風尚追求時髦，講究流行。這種現代資本社會的特徵，也充分表現在一般民眾的日常生活之中。

　　這種以消費為主的社會與過去重視生產而建構的社會，無論在觀念及價值方面都有顯著不同，消費成為生活的主要依據。購物不是物的本身而是物的包裝及說明，以前人吃的東西少，有東西就吃；現代人吃的東西多，反而擔心吃的衛生狀況。吃東西看說明，講衛生，重健康，整個社會的價值觀遭遇前所未有的挑戰，現代人生活方式簡化，生活內容單調，重視結果，忽視過程，以致物質雖然富裕，生活卻顯得無趣，速食、成衣、合成屋、汽車，方便了人的行為，卻減少了生活的樂趣。

飲食文化的新潮流

現代資本社會的飲食文化，以速食業最具代表性，尤其是舉世聞名的麥當勞，崛起於美國而風行於全世界，深得各界口碑。麥當勞原係美國二〇年代汽車餐廳業的後起之秀，當時由於汽車日漸普及，方便駕駛用餐的簡便速食成為新興行業。麥當勞兄弟在同行競爭壓力之下，力圖脫穎而出，一面繼續服務駕駛座的消費群，一面開拓家庭消費市場，以兒童為爭取對象，塑造了親切、和藹、幹練的麥當勞叔叔，希望獲得下一代的認同，藉以改變上一代的飲食習慣。麥當勞採取動態、方便、價廉、清潔、新奇等方式經營，符合現代工業化社會的用餐需求，於是大眾趨之若鶩，成為速食業的泰斗。繼麥當勞之後，肯德基、漢堡王等亦先後成為速食業的佼佼者。

速食業的欣欣向榮，各種簡餐隨之蓬勃發展，伴隨著家庭小電器之研發，如烤箱、微波爐等，更成為現代時尚，不只造成家庭生活方式的轉變，烹調時間減少，休閒時間增加，更影響男女平權的發展。

飲料可分為酒類及非酒類兩大類型。在非酒類的部分，隨著化學產品研發，添加物出現，飲料種類日增，花樣眾多，如汽水、果汁、可樂等，包裝精美，誘人購用。其中以可口可樂的銷售最為人津津樂道，其最動人的廣告是「世上最佳的可樂是可口可樂」。當美國尼克森總統欲打開中國大陸門戶時，其說詞是全中國每一個人買一瓶可樂即可售出九億瓶可樂。酒類方面分為穀類如威士忌，及果類如白蘭地等兩類，依各國土壤、氣候、生產各有不同，如英、美多為穀類酒，法、義、日則多果類酒。酒類不同，飲用方式亦不同，希臘人更將酒神視為永生傳承的象徵，喝酒表現的文化氣質，各有粗獷、精緻不一的韻味。

服飾文化的新風尚

　　服裝之起源有兩種說法：一種是由於人類的毛髮退化，爲了禦寒，而有服裝；另一種是根據《聖經》，亞當、夏娃爲遮羞而有服裝。服裝除了實用之外，美觀大方決定了流行款式。

　　其中以女裝變化最大，十八世紀的貴族女裝是用鯨魚骨和鋼絲輪箍撐大的圓裙，加上繁縟的花邊彩帶和敞露豐腴的前胸、誇張臀部、收緊蜂腰的洛可可式服裝，至一次大戰後，因女性赴外工作及女性運動崛起而逐漸式微，取而代之是由長而短、繁而簡的便裝。

　　自第一次世界大戰之後，隨著社會風氣丕變，每十年爲一週期，服飾出現不同的流行款式。二〇年代追求活潑開放，三〇年代走向民俗風潮，四〇年代女裝男性化，五〇年代之後休閒服增加，輕便衣裝受歡迎，六〇年代牛仔上衣、牛仔褲蔚爲風尚，嬉皮打扮盛行，七〇年代褲裝流行，熱褲、牛仔工裝褲大行其道，八〇年代女人味穿著復現，九〇年代充滿了多樣性的選擇。休閒服受人歡迎，改變了傳統社會地位的認同標準。

　　服飾流行趨勢，以巴黎、米蘭、倫敦、紐約、東京爲中心，在廣告及媒體的推波助瀾之下，各國雖仍保留本身的服裝特色，如中國的旗袍、日本的和服，但追求時髦、講究風尚已成爲資本社會的發展方向，尤其是年輕的一代。

　　除了衣服之外，鞋類的發展亦有長足進步，最早的鞋子是用草編的，形狀、式樣非常簡陋，且左右不分，稱爲繫帶鞋。至希臘時代有了左右腳的鞋，羅馬時代爲了使腳禦寒，加上裝飾效果，有了鞋面，以後再發展爲短靴、長筒靴，騎士最喜歡穿長筒靴。至於皮鞋鞋跟大約於中世紀出現，而今天的高跟鞋是由法王路易十五妻子所穿，又叫

做路易式高跟鞋。十九世紀以前,鞋子均爲手工縫製,待縫紉機發明
之後才用機械製鞋。

住宅文化的新趨勢

現代社會住宅係以都市爲中心而建築,與農業時代鄉村社會顯然
不同。不是依山傍水、以血緣爲中心而凝聚,而是循工作場合、依收
入多寡而定居。以前父母兄弟齊居一堂,血緣鄉親左鄰右舍,如今鄰
坊必須具備相當財力,以房價作爲結鄰的基礎。社區代替了鄉邑,財
富取代了血緣。在沒有血緣共生關係的條件之下,如何建構生命共同
體是現代社會住區的難題。

現代人的住宅在形式上受都市工業化影響,加上人口複雜,外來
流動人口增多,趨向單調。國民住宅、商業大樓,櫛比鱗次,成爲都
市叢林。住宅內部格局大同小異,影響現代人生活貧乏無趣、冷漠疏
離,只能在裝潢上刻畫不同品味。根據調查發現,住在同一棟大樓或
同一樓層的人不僅缺乏往來,甚至連姓名都不知道,惶論守望相助
了?

現代人住宅與以前不同,建材上的差異很大。隨著建材的改變,
過去茅草屋發展爲摩天大樓;古代人的住宅建材多爲木料,承受力量
有限,不能過高,以後有了石材,承受力量加大,建築有了新風貌。
但磚石建築受制剪力,高度也有一定的限制。十九世紀鋼鐵普遍使
用,建築風格轉變,摩天大樓次第興起,建材除了鋼筋水泥之外,裝
飾用的玻璃也漸爲人採用。

首座玻璃建築物於十九世紀中葉倫敦第一次萬國博覽會中出現,

成為現代玻璃帷幕大廈的前驅，如今大都市玻璃辦公大樓林立，種類與日俱增，昔日的水晶城似乎近在眼前。

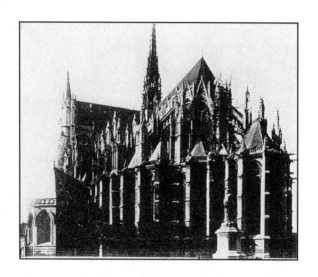

圖6-9　紐約的克萊斯勒大樓，獨特的尖頂式屋頂設計是其特色。

圖6-10　中古哥德式大教堂。尖形的拱門、高聳的尖頂、精美的雕刻是哥德式風格的要素。

交通事業的新發展

現代人行旅已不再依賴動物勞力，而藉由機器動力，尤其是火車、輪船、汽車及飛機的使用，使得來往更趨頻繁、空間更為縮小、時間更加迅速。在各項現代交通工具中，汽車影響最大，被稱為現代最重要的大眾交通運輸工具。

汽車之發展由蒸汽至內燃機再到噴射引擎。法國最早製造蒸汽

圖6-11　汽車普及之後，加油站出現。

圖6-12　一九一三年的Ｔ型車，到了一九一五年全美國有超過一百萬輛的Ｔ型車。

汽車，大約在一八六二年左右，一八八五年德國人利用內燃機製造小汽車。一九○二年美國福特公司成立，並於一九○八年開始大量生產Ｔ型車，使之成為普及便捷之交通工具[2]。一九五○年英國更將噴射引擎用於汽車，大大提高汽車速度。二次大戰前，歐洲僅少數富人擁有汽車，一九四八年西歐汽車僅五百萬輛，歐洲平民最大奢求不過是自行車或摩托車，但隨著汽車大量化生產，價格低廉，汽車更加大眾化。

圖6-13　二○年代美國福特汽車公司的廣告，當時提供以分期付款方式買車。

2　當時歐洲已有汽車，不過是少數貴族與有錢人的專利，直到福特汽車公司發明生產線，大量生產價格低廉的Ｔ型車，汽車才普及。

　　汽車問世為世人生活帶來重大衝擊，汽車相關行業紛紛應世，包括修理廠、加油站、汽車餐廳、旅館等，假日赴郊外旅遊人數遽增，城鄉隔閡不再，人際關係更趨擴大。汽車改變了世人的生活，鄉村與小城鎮快速成長。大企業由城市遷往郊區，有錢人遷往鄉下，減少了城鄉差距，但也帶來許多問題，如空氣汙染、交通阻塞、犯罪增加等。為了改善交通困擾，捷運、地鐵日趨重要，世界各大國家無不盡力修建，以促進人類的交通運輸。

　　汽車、鐵路發達，飛機普遍，刺激過去區域性的人文社會邁入全球性的社會，人與人的關係，種族與種族的認知，不再局限傳統的封閉之中，必須採開放的心靈面對一切，地球村的遠景指日可待。

問題與討論

一、美式速食所販賣的漢堡、薯條、炸雞等食品被營養學家評定為熱量過高，長期食用有害健康，但臺灣的美式速食餐廳仍門庭若市，請問原因為何？

二、在流行時尚的帶動下，全球人們穿著的服飾日趨同質化，各地傳統服裝逐漸消失，面對資本社會的快速發展，你覺得傳統服裝仍有存在的必要嗎？

三、閱讀這份資料後討論福特的想法對汽車普及所產生的影響？

　　我們必須儘量為顧客造出經久耐用的產品，我們想造出某種永遠用不壞的機器。買主的汽車壞了或式樣過時了，都會使我們感到難過。某一型號汽車的零件不僅應該可以與其他所有這一型號汽車互換，也可以與我們已經生產的所有汽車的同類零件互換。

　　　　　　　　　　　　　　　　　　　　　　　　—亨利・福特

第四節　大眾文化

大眾文化之崛起

　　人類文化發展脈絡深受經濟社會結構影響，觀其流變，究其演進，約可分為三個階段：首先為貴族、教士文化；其次為中產階級文化；晚近以來為大眾文化。大眾文化始於工業革命、量化生產之後，都市社會為其發生場所，傳播媒體為散布管道，工人、學生為文化中堅。

　　大眾文化盛行於二次世界大戰結束。由於戰後國際情勢轉移，歐洲地位日衰，美蘇爭霸方興，美國海外駐軍頻增，美國文化順勢拓展，經由媒體傳播成為大眾文化的代表，食、衣、住、行、育、樂為各地人士所模仿；速食、牛仔褲、國宅、汽車、棒球、搖滾樂，大行其道，風行全球。在商人大力投資、廣告媒體仲介之下，大眾文化成為二十世紀的主流。

　　隨著政治民主、社會開放、經濟發達、交通便捷、科技昌明、休閒增加，大眾文化內容趨向實用、庸俗、普及，講究時尚，重視流行，無論文學、藝術、音樂、休閒皆以大眾為訴求對象，文化表現以滿足官能刺激為手段，商業利益為目標，炒短線、重現實、缺乏遠見、變化快速。

大眾文化之特色

大眾文化以迎合群眾爲目標,具有科技導向、流行趨勢及大眾參與等幾項特色。

1.在科技導向方面:自工業革命之後,機械量化生產,刺激科技發展日新月異,尤其自二次世界大戰之後,理論與應用結合,技術一日千里,資訊傳播,無遠弗屆,信息流通,人民受惠,文化發展傳播便捷。

2.在流行趨勢方面:大眾文化以消費而非生產爲主,大量生產有賴消費刺激,一旦消費不再,生產即告萎縮。維持消費的最佳方式是創造流行,提倡明星制度,透過廣告,各行各業培植明星,藉此造成風潮,帶動商機。

3.在大眾參與方面:大眾文化以學生與工人爲主體。工人自社會轉型之後成爲中堅,工作之餘,如何消遣成爲大眾文化的對象;其次,學生人數日增,「上課之餘,如何休閒」亦成爲文化的考量。而工人及學生的廉價訴求,通俗取向,官能刺激,即成爲大眾文化的特色。電影、熱門音樂、運動成爲大眾文化的代表。

大眾文化的內容

一、藝術風格

大眾文化爲群眾所有,其藝術風格自然與中產階級不同,六〇年

代流行的是「波普藝術」（POP，來自英文的流行）。一九五二年一群年輕的畫家、藝術家在倫敦集會，討論「大眾文化」，確立藝術在大眾文化中的表現手法。第一件被公認為波普的藝術作品是一幅拼貼畫，畫面上有一位裸女、一名男子、電視、錄音機、圖書、真空吸塵器廣告，作者將大眾消息的情景濃縮在畫上。波普藝術表現的內容多為現代化的生活，罐頭、汽車、廣告等都成為題材，與稍前西方流行的抽象主義、象徵主義完全不同，藝術作品的重點為再現實物，而非作者透過畫筆在畫布上流動。

二、流行音樂

　　大眾文化以音樂表現最突出，其中又以爵士樂及搖滾樂為代表。爵士樂為美國黑人音樂，發源於美國南方密西西比河三角洲地區，以紐奧爾良為中心，由南向北逐漸轉向沿岸及支流的各城市發展，「爵士」一詞最早出現在一九一五年之「爵士」樂隊。一九一七年開始爵士樂這個名詞。它是一種將美國黑人音樂與歐洲樂器與樂理混合的產物，著重節奏，以「即興演奏」為中心，融合了西非洲的複雜節奏和歐洲和聲音樂的特色。歷經紐奧爾良時期、芝加哥時期和大型樂隊時期，主要代表人物為阿姆斯壯，由美國開始風靡全球。二〇年代稱為爵士時代。

　　搖滾樂誕生於五〇年代，最初出現在美國，它是由黑人音樂家們的「節奏與韻律」和白人的「鄉村與西部音樂」融合一起，六〇年代開始成為青少年的一種時尚和潮流，其特點包括強烈的拍子脈動，樂句長短不一，常用複雜的和聲、旋律，有時充滿一連串尖叫或演奏的裝飾，及未解決的不協和音。歌詞除了運用鄉村歌曲和黑人藍調的題材外，也時常表現對社會現象的嘲諷和抗議。

圖6-14 二〇年代美國紐奧爾良的爵士樂團。

　　第一代搖滾歌手以貓王艾維斯‧普萊斯利最受歡迎。這位來自美國南方田納西州的一位卡車搬運工,以瘋狂粗野、大膽脫俗的表演,成為青少年的偶像,吸引大批樂迷,使得搖滾樂成為流行趨勢。六〇年代英國搖滾樂在「披頭四」動人演出之下,轟動全球,出現披頭四浪潮,英國女王伊麗莎白二世更頒贈勳章。

　　八〇年代的音樂以搖滾樂為主,集唱、跳、演三者於一身。在燈光、音響等先進技術配合下,臺上臺下打成一片。代表人物有麥可傑克森及瑪丹娜。此外,八〇年代還有饒舌搖滾,即黑人隨著音樂節奏唸唱似的講話、跳舞,屬活躍於街頭的即興創作。其節奏強烈、鮮明,音調簡明,充滿生機與活力。

三、電影文化

在大衆文化領域中，電影具有相當影響力，被稱爲夢幻工廠。一八九五年電影問世，被視爲娛樂界新寵，美國、法國、英國、德國爲四大主要發展國家。美國之愛迪生被譽爲電影之父，法國之盧米埃兄弟是促成早期歐洲電影發展最具影響力的人士，他們建立了電影風格與技術。在各國電影發展過程中，美國好萊塢的成就最令人津津樂道。一九一五的「好萊塢」孕育了美國電影界之八大公司[3]。好萊塢之電影特色始終保持商業氣質，適合大衆，不惜工本採大製作、高科技、聘請名導演和大牌名星來參與演出，被稱爲世界電影的萬花筒。

圖6-15　第二次世界大戰後的歐洲常舉辦露天電影放映會，圖爲位於德國帕索的奧伯蒙古堡，可容納一個巨大露天螢幕，同時讓四萬名觀衆觀賞電影。

3　「好萊塢」位美國加州洛杉磯市郊區，孕育了當時美國電影界之八大公司：米高梅、聯美、環球、二十世紀福斯、哥倫比亞、派拉蒙、華納、雷電華。

　　早期電影之製作以戲劇爲主，利用蒙太奇剪輯手法。二次大戰後改走寫實風格，由義大利首創其風，當時的格言是「把攝影機扛到街頭上去」；六〇年代出現新浪潮電影，突破傳統電影的形式，特別刻意描繪現代都市人的處境、心理、愛情和性關係，電影拍攝不在拍什麼而是如何拍，因此導演的地位備受重視。

　　一九五〇年代後，受電視播放影片的影響，好萊塢改弦易轍，不再拘泥內容及敘事，改由尺寸與技術上著力，發展三度空間、新藝綜合體電影[4]，並且加上彩色拍攝，使得電影不再是深刻的見解與動作，而是尺寸與壯觀的畫面。電影公司亦開始投資拍攝電視影集，至一九七〇年代大眾電影日趨沒落，成爲少數人的藝術。爾後，電影院分隔成較小單位以合乎特定人士需求，好萊塢盛況不再。

圖6-16　新藝綜合體電影是電影界於一九五三年推出的新技術，圖中的電影泰山便是使用了這種新技術，拓寬觀眾的視野，加強影片裡的動態和真實感。海報特別強調這部電影的彩色效果。

4　「新藝綜合體」爲電影術語，指投射於寬弧形螢幕上，以製造深度幻覺而產生立體感的電影，其螢幕所產生的視覺範圍大約與人類肉眼相同，立體音響系統也被用來增加三度空間的效果。

四、運動休閒活動

　　休閒是現代人生活的重要內容，其中又以旅行及運動爲主要休閒項目，隨著交通工具發達，生活品質提升，旅遊更趨普遍，而各類運動亦吸引了大批球迷前往觀賞，其中以職業足球、職業棒球，在歐美所帶動的風潮，更爲引人入勝。

　　棒球爲美國國球，起源於一七四四年英國的兒童線圈球遊戲，後引入美國，改良爲用木棒打擊來自空中或地上拋來的球。在北美洲殖民時代稱爲「市球」，深受學生歡迎。南北戰爭後，美國棒球運動分南北兩地比賽，北方新英格蘭地區稱爲波士頓賽，南方叫紐約賽。一八七一年國家職業棒球聯盟成立，一八七六年以後棒球成爲有組織的運動。

　　足球則源起於斯巴達人，盛行古代羅馬，當時球體的外形是布或皮，內裝羽毛，後由羅馬人傳給不列顛人，至十二世紀下半葉，英國足球已非常普遍，惟這項球戲缺乏規則，經常發生鬥毆事件，歷代君王憎惡，下令禁止，但民間仍樂此不疲，迄十九世紀中葉，漸有組織，暴戾之風稍減。一八六三年英國足球會成立，一八七五年傳至荷蘭與丹麥，再至瑞士。一八八五年德國成立足球會，英國足球有了職業組織，並且風靡全歐洲。據統計，全世界經常參加比賽的足球隊伍近七十七支，運動員多達四千萬人，參加國際足聯的國家和地區達一百五十多個，號稱世界第一運動。

圖6-17　巴西球王比利他曾帶領巴西隊獲得三次世界足球賽冠軍，成爲巴西的國家英雄。

大眾文化之影響

　　大眾文化係以學生、工人及青少年為主體,與貴族及中產階級文化不同。學生及青少年無法由生產層面尋獲價值觀,只能由消費層面創造價值,導致社會發展趨向官能訴求,重視物欲滿足,雖然帶來社會開放,經濟活絡,生活便捷,卻也造成觀念上及行為上的衝擊。

　　觀念上,大眾文化影響消費民眾一窩蜂、一股勁,追求時尚,講究流行,唯恐落人之後,遭人恥笑。造成二次世界大戰之後,虛無主義盛行,道德觀念淪喪,物質欲望高漲,除了滿足當下的官能需求之外,心靈空虛,無所適從。

　　形象上,雖然個人心理受制於大眾,卻又不甘屈從,進而試圖在外表上與眾不同,標新立異,爭奇鬥豔,造成社會上怪異亂象層出不窮。青少年奇裝異服、放蕩形骸,結夥鬧事、反抗社會,無視法紀,動亂不安。

　　大眾文化所造成的統一與分裂、一元與多元的矛盾是現代資本社會的難題,十五世紀以前西方人依附在上帝的文化價值系統之中,工業時代建立了人的自我文化價值系統,資訊社會降臨,人究竟何去何從,是焦慮所在,也是努力方向。

問題與討論

一、假設你是唱片行的廣告部門主管,你要怎麼替下列三個人的音樂作宣傳?
　　1.莫札特;2.路易斯‧阿姆斯壯;3.麥可‧傑克森。

二、下表顯示一九九○年代後臺灣國產電影產量銳減，電影院多放映西片而不播
　　放國片。請問除了電影專業因素之外，還有哪些原因造成國產電影的沒落？

中華民國電影製作部數統計

年　　　度	1990	1991	1992	1993	1994	1995	1996	1997
電影製作部數	82	33	40	28	29	28	18	29

（資料來源：行政院文化建設委員會編，文化白皮書，一九九八年，頁218。）

三、目前世界上有哪些運動已經職業化？爲什麼有些運動項目在某些國家特別受
　　到歡迎（如棒球在美國，足球在巴西）？

第七章　人文思想與文化價值

　　人類歷史舞臺上，人是活動主角，也是演出的主題，人究竟是什麼？由何而來？往何處去？一連串的質疑與探索，激發人的智慧，孕育了人類的文明。洪荒初闢，人對自身處境懵懂無知，面對自然界異象，驚悸不安，惶恐莫名，乃構思「神明」，安撫內在的憂懼。隨著歲月穿梭，經驗累積，人對外界漸趨了解，處理事務能力提高，對神依賴日減，影響「神明」地位不再，「人文」思想抬頭，人文主義、人道關懷、人權運動漸次開展。

　　綜觀人類文明發展，不過「安身立命」而已。上古、中古的人類，立命卻不安身，生活簡陋、困頓，但篤信神明，相信來生、永生，不畏死亡；近代的人類，安身卻不立命，生活富裕、安適，相信人定勝天，不輕言鬼神，但對死亡反而惶惶不安。因此在安身之餘如何立命，即成為現代人文思想的課題所在。

第一節　人文思想與進步史觀

人文思想之發展

　　人文思想係西方以人爲中心而衍生的一套行爲規範、認知及價值體系。與東方「人本社會」不同的是，西方屬於「神本社會」，由希臘、羅馬神話到中古的神權，乃至宗教改革之神論；從自然神到人神同形而一神，在在顯示人類自有史以來至十六世紀的人文發展均受到神的觀念影響，強調敬天畏神。迨文藝復興、新大陸發現、宗教改革之後，西方逐漸擺脫神的繫絆，以科學取代神學，理性代替神性，人權凌駕神權，強調人定勝天，追求自由、平等的精神，講究權利、義務關係，重視民主、法治發展。

　　論及西方人文思想，可溯及古希臘時代的古典人文精神。蘇格拉底提出「認識你自己」，開啓了人文思想的扉頁；柏拉圖提倡觀念論，主張經由教育，人可以成爲萬物之靈，確定了人文思想的方法；亞里斯多德認爲人是理性動物，有創造的能力，可以爲自己追求幸福，奠定了西方人文思想的基礎。羅馬帝國晚年，爲鞏固政權，接受基督教爲國教。蠻族入侵，歐洲政局動亂，西羅馬帝國覆亡，但羅馬所信奉的基督宗教，不僅未見衰敗，反因教化蠻族，而日見茁壯，支配中古活動長達千年，影響人文思想的發展。文藝復興時期，義大利得地利、貿易之便，接觸希臘人文思想，由文學、藝術開風氣之先，倡導人文主義精神。科學革命、啓蒙運動時期藉理性破除神性迷思，倡議改革社會的思潮；工業革命期間，社會問題叢生，人文思想由知識層面落實到生活現實，人道關懷備受重視。二十世紀後，法西斯政權覆亡，民主思想普遍流行，人權觀念成爲主流。

圖7-1　十九世紀法國古典主義畫家安
　　　　格爾的傑作。在畫中，端坐在
　　　　奧林匹斯山上的宙斯，對忒提
　　　　斯海神女的苦苦哀求，毫不動
　　　　心，仍保持威嚴莊重的神態。

圖7-2　東羅馬國王君士坦丁七世接受
　　　　基督教加冕。

圖7-3　米開朗基羅的畫作。描繪亞當及夏娃被驅離
　　　　伊甸園。

圖7-4　佩脫拉克：義大利
　　　　人文主義之父。

人文主義奠定人文思想發展

　　人文主義一詞出自希臘羅馬時期，盛行於文藝復興時代，表現在文學與藝術的創作中。文藝復興原爲「再生」之意，經由對希臘、羅馬的古典文藝的學習，擺脫中古神學繫絆，再現人文的精神與價值。「人文主義」的主要內容爲重視人的個性發展，反對中世紀神學、經院哲學[1]和禁欲主義，要求將人從宗教神學的禁錮中解放出來，主張以「人」爲中心，因此肯定人性，重視人的價值及意義，讚美人的精神及肉體，強調人的力量及智慧。人文主義運動是由少數富商階級及文藝人士首發其端，表現在文學及藝術作品上，其影響力多限於上層社會，一般民衆鮮少感受到人文氣息。但此時期的樂觀主義及世俗風氣多少也改變了一些思潮。

　　人文主義的代表人物，在思想上有三位重要人士：佩脫拉克（一三○四～一三七四），被譽爲「人文主義之父」。他倡導研讀古書，讓人們逐漸從古希臘、羅馬的著作中發現「人」的價值，進而擺脫中世紀歐洲的「黑暗時期」，走向充滿智慧與希望的美好時代。但丁（一二六五～一三二一）著有《神曲》一書，敘說他的地獄、煉獄與天國之旅；「地獄」篇描寫人類墮落的敗行以及應得的懲罰；「煉獄」篇說明煉獄之行是一種淨化過程，煉獄由天使，而不是由惡魔執掌，裡面的靈魂最後都會得到解脫；「天國」篇是一部說教的作品，最高的天是由愛、理性與光做成的，全書是一部詩篇，共一百節，採中世紀流行的夢幻故事與隱喻手法來寫作，批評教權，喚醒理性與人

1　經院哲學：是指中世紀學校中，遵行的教學與學術方法，將古典哲學中，人類通過經驗和推理所獲得的知識與基督教信仰中《聖經》的啓示協調一致。

性。薄伽丘（一三一三～一三七五）撰著《十日談》，揭發教會偽善、宣揚個性解放及愛情至上，被視為歐陸散文小說始祖。《十日談》描寫黑死病襲擊義大利時，七位貴婦與三名男子相繼逃亡時，為免除死亡恐懼而輪流講述的故事。

在藝術方面，主要有四位藝術家：喬托（一二六六～一三三六）被譽為「歐洲繪畫之父」，作品刻畫了人性的悲哀。達芬奇（一四五二～一五一九）的作品顯露出人的內心活動，代表作為〈蒙娜麗莎〉；米開蘭基羅（一四七五～一五六四）繪畫、雕刻的人物，深具智慧、剛毅個性，其代表作有羅馬西斯汀教堂天花板之壁畫所描繪的〈聖經‧創世記〉中的場景。拉斐爾（一四八三～一五二〇）有「畫聖」尊稱，其畫作〈雅典學院〉為文藝復興時代集大成之作。

文藝復興的人文主義思想，經由宗教改革，擺脫了神權的桎梏，再由科學革命強化了理性思維，至啓蒙運動而落實在對神權的批判，

圖7-5　盧梭：浪漫主義代表人物。

圖7-6　普魯士國王菲德烈特二世拜訪法國啓蒙運動重要人物伏爾泰。

使得人文思想發展更上層樓。

　　啓蒙時代學者以「理性」爲依據，要求一切思想合乎自然運行法則，合乎人性，否定宗教信仰，強調自由、平等、博愛，主張拋棄過去一切不合理性的舊習、體制，建立一個「公平、正義」的理性王國。他們諷刺時政，抨擊教會腐敗及教士墮落，鼓吹新的人文思想，主要代表人物有法國的伏爾泰（一六九四～一七七八）、狄德羅（一七一三～一七八四）、孟德斯鳩（一六八九～一七五五）及盧梭。

　　伏爾泰被視爲啓蒙運動領袖，以捍衛自由著稱，畢生著作共九十九卷，每一頁都充滿光輝和豐茂的精神，題材廣泛，無所不包，行文內容致力消滅特權，以教會爲主要對象，譬如一七五五年十一月萬聖節前夕，葡萄牙里斯本發生大地震，三萬多人死傷，當時法國傳教士將這場浩劫解釋爲上帝的懲罰。伏爾泰反駁，發表詩文指出：如果不是上帝能夠阻止災禍而祂不肯阻止，就是祂願意阻止而無能爲力，對上帝尊嚴予以重大打擊。伏爾泰筆鋒犀利、行文辛辣、語言幽默，其名言「我不同意你說的每一個字，但我願誓死保衛你說話的權利」，傳誦迄今，引爲美談。狄德羅反對教會，爲破除迷信編著《百科全書》，希望經由發展知識，找到一個新的與自然的道德觀。這種以「全書」取代「經書」（指的是《聖經》）的壯舉，雖遭教會干涉阻撓，但在狄德羅百折不撓、堅毅不拔的努力之下，終告完成。孟德斯鳩著有《法意》，強調唯有三權分立，才能保障自由。盧梭兼具理性主義及浪漫主義思想，爲破除神權到建立人權的關鍵人物。《愛彌兒》一書強調教育下一代的重要；《懺悔錄》著重經由自我反省，剖析人性的情欲面；《民約論》則闡述建構社會發展的依據。

人道關懷弘揚人文思想

　　工業革命之後，社會因工業生產、工廠林立出現了許多新問題，如失業、貧困、飢餓、貧富懸殊、道德墮落等。傳統人文思想中之人文主義已無法解決現實社會的困難，於是人道關懷成為新的趨勢，人的價值與地位受到重視，特別表現在對弱勢團體的照顧與奔走。其中較重要的代表人物有美國的林肯、德國的史懷哲和印度的甘地。

　　林肯是美國第十六任總統，任內面臨南北廢奴問題爭辯不下、雙方衝突日趨緊張之際。南方為維護奴隸制度，不惜退出聯邦，引發南北戰爭。林肯秉持人道精神，在戰爭期間著手釋放奴隸，一八六三年一月一日發表解放宣言，嘉惠黑人。戰後並以寬廣的胸襟呼籲奴主們，不要對任何人持惡念，對大眾懷慈悲心，為後來執政者樹立典範，迄今仍為人緬懷。

圖7-7　林肯。

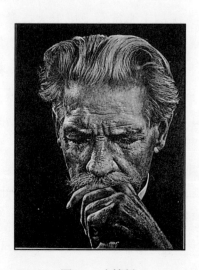

圖7-8　史懷哲。

史懷哲為德國人道主義者。究其一生行誼，才藝出眾，具音樂造詣，富宗教情操，醫術精湛，獻身理想。九十歲生涯中有五十年在非洲度過，為非洲人進行醫療服務，贏得當地人心，貢獻卓著。他表示，西方文明欠非洲人士許多債，所以他要以身相贖。他認為「除非你能擁抱並接納所有的生物，而不是將愛心局限於人類自己，不然，你不能擁有憐憫之心」。一九五三年他獲得諾貝爾和平獎。

甘地是印度的聖人。法國小說家羅曼羅蘭讚譽他「不僅是印度人的領袖，也是全世界的明星」。甘地身材矮小、體弱、羞怯、膽小，曾留學英國，取得律師資格，後赴南非旅居，飽嘗種族歧視辛酸，使他對種族成見有了深層認識。以後獻身印度民族獨立運動，採「不合作」態度，以「非暴力抵抗」方式訴求，為後來抗爭運動提供一項理性途徑。甘地之和平抗爭方式，雖然過程艱辛，但其人道信念及人道精神永世不朽，印度人譽他為「國父」。

人權運動落實人文思想

人權運動是人文思想的具體表現。人權與人文及人道不同，它不只是理論的闡述、文藝的表現，或者是對社會的關懷，更進一步是指爭取做人的權利。自英國洛克（一六三二～一七○四）提出「天賦人權」、「主權在民」的觀念之後，「統治者基於被統治者同意」的理念即成為人類奮鬥的目標；美國「獨立宣言」中，標榜生命、自由、追求幸福的目標，以及法國大革命時發表之「人權宣言」所主張的人生而自由且權利平等之理念，皆奠定了人權發展的基礎；第一次世界大戰之後，美國總統威爾遜宣揚民族自決，激勵人權運動發展；第二

次世界大戰結束後，聯合國於一九四八年十二月十日第三屆大會通過
「世界人權宣言」，並將此日訂爲「世界人權日」，使得人權觀念開
始全面落實。

嚴格說來，二十世紀以後人權才眞正成爲社會運動的一支，在此
之前，它只是一種理念、學說，依附在學者或政治人物的著作及文宣
口號之中，之後隨著經濟發達、社會變遷、政治開明，而普遍落實。

人權之基本精神在追求平等。人是社群動物，依組織而生活，採
上下結構而發展，呈金字塔型，不論是專制或是開明，少數統治多數
乃自然現象，而爭取平等則爲人類努力的目標，也是人類文明的指
標。

從政治上來看，人權運動具體實踐在民主政治之中。民主政治有
政權、治權之別：政權講究權力的來源，治權則強調權力的運作。民
主國家標榜主權在民，統治者的權力由民意、民選產生，但這只是政
權的民主，還必須有治權的民主。治權規範權力的運作，以「制衡」
爲手段，重視三權分立的運作，行政權向立法權負責，立法代表民意
監督行政運作，司法權則仲裁行政與立法之衝突。譬如總統制，總統
由人民選出，人民無法監督總統，乃選出議員監督總統。內閣制，由
人民選出議員，再由多數黨議員組閣，形成官員即議員的現象，一旦
官員決策不符合民意，即解散內閣，重新選舉議員再組閣，如此人權
即落實在人民手中。二次大戰之後許多新興國家出現政治危機，便是
政權、治權無法落實人權所致。

從經濟上來看，人權表現在生活的方式之中。十九世紀以來，人
類經濟生活可粗分爲社會主義及資本主義兩種模式，社會主義主張人
民的幸福由國家計畫安排，人民聽信政府，服從政府，幸福隨之而
來；資本主義主張人民幸福自行追求，自己負責，形成弱肉強食的狀
態，一九二九年世界經濟不景氣，造成全球恐慌。爲了解決經濟危

圖7-9　美國獨立建國英雄簽署「獨立宣言」。

機，美國總統法蘭克林‧羅斯福於一九三三年就任總統後提出新政，採國家福利政策，由國家擬訂辦法，提供多項計畫，協助青年就業、老人就養，一改過去資本主義所採之物競天擇方式，促進經濟生活之平等，使得人權不因貧富而有顯著差異。

再就文化方面來說，自世界人權宣言公布之後，人權所涉及的內容已不再止於政治上的生存權、參政權，經濟社會上的工作權、教育權，更擴大至人文活動，包括尊重個人的隱私權、維護個人生存、不得製造噪音及環境汙染、遵守智慧財產等，使得人權發展邁入新的領域，創造新的價值及意義。

二十世紀人權運動所涵蓋的對象不分男女、老少，不論貧富、種族，一體通用，使得人文思想由理念付諸實現，四海一家及地球村遠景也有美夢成眞的一刻。

何謂史觀

　　史觀是一種歷史見解。歷史與史學不同，歷史乃客觀的事實，只要是過去發生過的事情，皆可稱之為歷史。史學不然，它是史家對歷史事件的省思及解釋，具有強烈的主觀色彩，史家的史觀因個人的背景、學養、認知而有不同，譬如車禍發生，為一歷史事件，但目擊者在敘述或記者在報導時，皆可能因個人學養、接觸、認知、判斷、說明等因素，在記載上有所出入。車禍現場可以整理，但不會再現，主要原因是車禍情境無法尋獲，只能經由後人研判處理，因此史觀只是歷史重構的手段。

　　歷史知識是一門研究變遷過程的學問，史記作者司馬遷認為，歷史係「通古今之變，究天人之際」，可見歷史知識是研究變遷的過程，特別重視事物之間的變化。如生死之間、得失之間，強調的重點不在得亦不在失，而是如何由得到失「之間」的變化。人活著，沒有人注意，死了，過一段時間，也會被人遺忘，但令人銘心刻骨、久久不能自己的是：由生至死的變遷，而歷史知識所探究的亦即「之間」的意義。綜觀西方史學發展，大致有三種史觀：退化觀、循環觀及進步觀。

　　「退化觀」歷史解釋相信古代較現代好，人類是一種墮落過程，人的努力目標在重返過去的美好狀態。由古代許多宗教教義中可以看到人類墮落退化的理論。

　　主張「循環觀」的學者多半從「觀象」的角度著手，由大自然景象之中的太陽，從旭日東升到日落西山，周而復始，循環不已，看到自然界植物，冬枯春生、死而復活、生生不息的現象，來解讀大自然的道理，從而主張人生乃至事物都是呈現出一種循環再生的過程，並

據此建構一套體系，如希臘人的史觀。

　　隨著文明的成長，「循環觀」無法解釋許多歷史現象及事理，因此進步學說受到重視，不論是直線或螺旋式的發展，主張「進步觀」的學者，從知識的層面，秉持人定勝天的理念及信念，執著人的能力，強調從連續與累積的經驗來看待歷史。這種進步的史觀，隨著科學革命、啓蒙運動、工業革命、科技發達的進展，成爲歷史學中重要的思想。

進步史觀的發展

　　進步史觀是近代學者研究歷史的一種態度，它是由基督教的直線史觀蛻變而成。在基督教史觀之中，人的行爲是由神恩安排，人無法爲自己選定發展的方向，信仰基督意味著人生不再輪迴轉世，而是一往直前。發展至文藝復興時期，法國史家波丹（一五二九～一五九六）提出了進步史觀，相信科技與科學知識推動了人類前進，使得社會在持續不斷的發展進步之中。現代比過去進步，未來一定超過現代。

　　這種觀念至培根（一五六一～一六二六）獲得更進一步的發展。培根認爲人類歷史的進步是建立在知識基礎上，他主張「知識即力量」，以知識來駕馭自然。他認爲隨著科學進步，人類社會將不斷地進步。此外法國的佩羅與培根持相同論點，認爲知識是隨著時間和經歷增加，後來的人繼承了前人，新的知識替代了舊的知識，今人一定勝過古人。

　　在進步史觀發展過程中，義大利人維柯（一六六八～

一七四四）、法國人笛卡爾（一五九六～一六五〇）及伏爾泰提出了重要的理論。笛卡爾認爲，世界有一定秩序，受一定支配，只要人類用適當方式，獲得知識，便可控制世界。維柯被視爲西方最早提出系統的歷史理論者。他在《新科學》一書中提出，歷史是一個從低級發展到高級的進步過程，歷經三個階段：神祇時代、英雄時代及人的時代，呈漸進式的螺旋式上升。維柯提出「世界是由人類創造出來的」歷史觀，對西方進步史觀帶來重大貢獻。伏爾泰認爲理性是人類進步的動力。由於宗教及戰爭蒙蔽了人類理性，阻撓人類進步，因此他極力反對宗教。他以人類歷史進步的思想取代神應主宰人世命運的觀念，嚴苛地批判了神學史觀，擴大了歷史領域，將歷史編纂範圍擴及人類各方面活動，把人類歷史當做一個整體，進行綜合和比較的研究。

　　法國大革命時進步史觀發展達到頂點，法國大革命顯示了人類改變世界的力量，從此人成爲世界的主宰。

　　進步史觀在德國人康德（一七二四～一八〇四）及黑格爾（一七七〇～一八三一）的邏輯論證之下更趨嚴謹。康德認爲人來到這個世界，依靠個人智慧戰勝一切，從茹毛飲血的原始狀態到文明社會，一切文化現象都是人爲的努力。歷史不是個人，而是由人類共同創造的，整個歷史呈現出一幅長江後浪推前浪的景象，人類社會也因此日趨完美。黑格爾則強調整個人類歷史和文化的進步是絕對理念發展的表現。黑格爾認爲

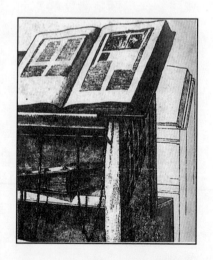

圖7-10　十六世紀書本價值昂貴，多用鏈子鎖住。

真理存在於相對的折衷之
中，進化的運動是兩種極
端的調和，依據這種想
法，他提出「辯證的運
動」，即「正反合」的觀
念，主張未來的世界既非
目前的現狀，也非夢幻中
的理想，而是二者的綜
合，兼取其長，產生進步

圖7-11　貴族在大廳跳舞，僕役準備食物。

的生活方式，但這種進步不會維持長久，會分成矛盾局面，再出現掙
扎，久而久之，會出現進步，因此事務之發展，先有統一而後有分
歧，經過分歧而又歸於統一。他認為偉大的歷史，只能出現於現實的
矛盾被解決之後，而這種程序才合於進化原則。

進步史觀式微

　　進步史觀到十九世紀開始逐漸走下
坡。十九世紀浪漫主義人士批評啟蒙時
代思想家過分強調理性，反對信仰，使
得情感受壓抑而無法渲洩。他們呼籲衝
破理性牢籠，回歸自然人狀態，以一種
激情思想來喚起社會活力。不再以自身
的模式來理解別人，而是透過移情原
則，設身處地使自己同化到被研究的對

圖7-12　德國哲學家：黑格爾。

象之中。每一個時代或歷史片斷的目的都是任意的，歷史的發展具有個體的和獨特的性質，而不存在普遍性和規律性。

問題與討論

一、請說明西方自古希臘、羅馬時代、中古時代、文藝復興時代以迄啓蒙時代，各個時期人文思想的變遷發展情形。

二、二十世紀是「人權」的時代，有各種的人權運動出現，如第一次世界大戰後的「民族自決」運動，第二次世界大戰後的聯合國「世界人權宣言」等。請問：「人權」是否只適用於西方社會？「人權」是否爲「普世」的價值？

三、請問西方的進步史觀是如何形成的？這種史觀對西方歷史的變遷發展有何影響？

四、西方史學的發展，大致有三種史觀；退化觀、循環觀及進步觀。你贊成哪一種史觀？爲什麼？

第二節　現代思潮與文化認同

現代思潮的涵意

　　現代思潮來自二十世紀以後人類對生命的態度以及對生活的覺醒。二十世紀局勢複雜多變，兩次世界大戰、韓戰、越戰造成的重創和死傷無數，讓人感受到生命無常，進而質疑人的價值與意義。此外，科技進步及經濟起飛爲人類帶來富裕的生活，繁榮之餘，對於生活的內容也多出一份反省。各種思想出現，各類學說林立，形成多元風貌的現代思潮。

　　思潮是一種趨勢。二十世紀人類思潮係以人爲「經」、以科技爲「緯」而編織成的網絡。究竟是人駕馭科技，還是科技奴役人類，成爲爭論的焦點。游牧時代重視人與自然的關係；農業時代講究人與神的關係；工業時代關心人與人的關係，從人的深層結構、心理狀態到人的語言表述、行動來往，皆成爲關注的焦點。尤其是在今日電腦、網路時代，人應如何自處、相處、共處也就特別引人注目，成爲時代主題。

圖7-13　十九世紀奧國議會。捷克國家主義人士以鬧場方式阻撓議事進行，顯示現代社會的荒謬。

現代哲學思潮

　　哲學是思想的系統化表現。二十世紀的哲學受啓蒙運動理性哲學以及浪漫主義心性哲學的影響，既重視理性，又強調感性，此時各派學說思路不一，各持己見，較具代表性者有：

一、存在主義

　　二十世紀工業發達，戰爭頻仍，人類面臨機械工具的挑戰、死亡陰影的迫害，對生命的存在有了深刻的反省，並多了一份好奇。

　　存在主義是一種討論人類生命意義的哲學，認爲人的存在是一種「自我」的表現，只有從人的存在出發，才能理解存在的意義，沒有自我，世界上其他事物也就不存在。存在主義更認爲人的行爲受意志擺布，沒有客觀的本性，意志決定了自身的存在，因此世界是荒謬的。

　　這種學說之所以興盛，是由於二次大戰期間，法國遭亡國之痛，人民流離失所，忍受無情的壓迫及恥辱，知識分子在飽受折磨、煎熬痛苦之際，想到「有人折磨我，能保持緘默嗎？」而對生命提出了呼喚。

　　存在主義思想源於丹麥的齊克果（一八一三～一八五五）及德國的尼采（一八四四～一九〇〇）。齊克果幼年喪母，性情孤僻，生活絕望，一生都在尋找得救之道，以及存在的最終途徑。他以爲用一條腿立著證明上帝存在，與用兩膝跪著感激上帝的恩典是全然不同的，而他企圖以一條腿站起來證明上帝。「基督教界」是一個幻想，阻止了人們從一個與基督教相關切的光亮（即個人）去看基督教。

尼采早年喪父，隨母親長大，從小憎恨
宗教及婦女，身體健康情形欠佳，一生
與病魔奮鬥，提倡超人哲學，主張用自
己的生命衝力與環境搏鬥，創造未來。
他宣告「上帝死亡」，否定傳統西方基
督倫理的最高精神，引起震憾，被教會
視爲主要敵人。演進至二十世紀，存在
主義在德國哲學家雅士培（一八八三～
一九六九）及海德格爾（一八八九～
一九七六）的努力之下逐漸發揚光大，

圖7-14　德國哲學家：尼采。

唯過於偏重哲學探討，無法普及，至沙特以後，存在主義開始盛行於
法國及美國。

　　沙特（一九〇五～一九八〇）被視爲存在主義的重要代表人物，
他強調由行動來證明存在，積極投入政治活動，使存在主義超越學院
而成爲社會思想。沙特主張「人是自由的，懦夫使自己懦弱，英雄把
自己變成英雄」，他在《存在與虛無》一書中闡釋了存在主義的基本
精神：人的存在同人的自由分不開，人可以通過他的自由選擇並決定
他的本質，奠定了「自由先於本質」、「存在先於本質」的說法。

　　卡謬（一九一三～一九六〇）是存在主義的另一位重要代表。這
位法國小說家著有《異鄉人》、《瘟疫》、《西西弗神話》等書，他
認爲世界是荒謬的，並舉希臘神話中被眾神判罰苦役的西西弗，日日
夜夜、反覆不停地將滾落的巨石推回山頂爲例，說明人在百般無奈之
中，不爲環境所屈，同時並對荒謬、荒誕世界表現出一種堅毅不拔的
精神。

　　存在主義是二十世紀非理性主義思潮下的一種悲觀主義哲學，也
是一種極端的個人主義哲學，但由於它強調個人用行動反抗荒謬世

界，強調人的自由選擇、人的價值和作用，對人生有相當正面的意義。

二、實用主義

　　實用主義於一八九五至一九○○年在美國開始成形，是美國文化的精髓，為二十世紀深具影響力的思想之一。實用主義的中心思想在強調「經驗」，經驗是一種生活，也是一種實踐。它必須根據對象而存在，換言之，沒有對象就沒有經驗存在，而真理就依附在對象之中，形成所謂「有用的就是好的」之價值觀。這種思想影響了二十世紀人類文明的發展既深且鉅。從經濟方面來說，企業的考量由市場的需求來決定，根據市場調查從事研發，決定產品與產量；政治方面，政治人物根據民意調查從事選舉活動，其決策以民意為依歸。使得市調、民調成為當代思想的主流，也是成功致勝的萬靈丹。

　　實用主義發展係由皮爾士（一八三九～一九一四）開其端，經威廉‧詹姆士（一八四二～一九一二）蔚為風潮，至杜威則集大成。皮爾士之貢獻在提出「如何使觀念清楚」；詹姆士則在觀念到真理的探究，提出真理與生活密不可分的概念；杜威將生活落實到教育層面，將概念、觀念、理論、學說都當作行為的工具，提出工具主義說，視真理的標準在於是否成功。杜威的哲學為二十世紀人類文明的進步觀，提供理論基礎。

三、結構主義與解構

　　結構主義是一種對客觀世界認識的學說。將過去「歷時」的縱向

觀察改爲「共時」的橫向觀察，也就是將以前由過去到現在的認知方式，變成主張沒有時間性且同時存在的看法。結構主義反對西方長久以來視「人」爲中心的學說，反對有「主體」、「個人」、「存在」的觀念，尋找無意識的結構性與客觀性。由語言學開始，發展至人類學。法國人類學家李維斯陀（一九〇八）是重要代表人物。李維斯陀採用結構主義方式撰寫《野性的思維》一書，說明語言組合成句子，有聲音的表層及語法的深層；而人類社會中之親屬關係也一樣，有表層的親屬關係及深層的親屬結構，人不能只重視表層關係而應注意內部的深層結構。野蠻人與文明人之差別不在原始的或現代的，也不是初級的或高級的，而是使用了具體的或是抽象的不同思維方式，就像植物可以放在庭園也可以是野生，但植物的根是一樣的。結構主義在否定以人爲中心的思想之餘，建立了一種以結構爲中心的思想，致力尋找一個在多樣性背後的統一性和不變性。它在六〇年代有長足發展，獲得重大成就，特別是在人類學方面，但也引起批評而導致解構出現。

　　解構不滿結構主義的中心論，所以它不是一種理論，而是具體的批評實踐。將事實與語言分家，認爲語言不能說明事實，主張在文學上採用一種閱讀方式。解構大師德希達（一九三〇）將自己比喻爲一名「零雜工」而不是「工程師」。他主張閱讀是隨便挑一本書，選一個詞開始，玩閱讀遊戲，而不是從頭到尾看完一本書。文化像閱讀一樣，在看一個文本，讀者融入遊戲中，展開「讀和寫」的雙重活動，文本向閱讀開放，讀者和原作者一塊兒創作。德希達認爲解構者像一群流浪漢，無家可歸，不像過去似叛逆者，離家、逃家之後再去尋找另一個家。他們四海爲家，一切均可爲己所有，顚覆了傳統西方文化之普遍性及確定性。

四、心理分析

自十九世紀末,奧國心理學家佛洛伊德(一八五六～一九三九)提出「精神分析法」後,心理學成為一門重要的學科。「精神分析」本來只是應用於探討精神病因及治療方法,但發展至二十世紀,則影響社會科學的各個面向,包括社會學、倫理學、人類學等,成為重要的社會思潮。

二次世界大戰,人類面臨重大浩劫,在死亡陰影籠罩之下,普遍呈現焦慮不安情狀,加上戰後生活富裕、生命迷惘,人自身的問題成為關注焦點,佛洛伊德的學說乃大行其道。佛洛伊德認為,在人的內心深處有一種「無意識」,如果遭受壓抑,就會產生變態的反應,而有不正常的表現。這種無意識不但存在而且是人的心理結構核心。根據這項基礎,他將人類心理結構分為意識、前意識和潛意識三個系統,並擴大用於解釋社會現象,提出本我、自我、超我三種精神人格。當三者處於平衡狀態,人格才能健全,否則就會有精神失常的現象。

繼佛洛伊德之後,心理分析逐漸分化為許多派別,使得人們更加重視心理功能,並試圖為西方社會的精神危機、人的內心空虛找到一個處方,不論批評者對這個學派看法如何,心理分析確實注意到人的非理性層面,它影響到西方人道主義的發展,深化了人文的思想。

圖7-15　心理分析大師:佛洛伊德。

現代文藝思潮

　　二十世紀物質文明發達，人類生活條件改善，人與人的關係發生變化，由傳統親密關係逐漸走向疏離、淡薄。文藝表現出「非人化」傾向，具有濃厚的「非理性」色彩。作家基於對社會的危機意識，有一種反社會趨勢。以前社會雖不乏反社會人士，但多立足社會之內；現代作家則站在社會之外，全盤否定社會，認為「反抗就是一切」，形成一幅極端冷漠、殘酷、以自我為中心的圖象，顯現出人的孤獨與失落感。

　　二十世紀文學派別林立，有象徵主義採暗示、對比、聯想手法描寫個人幻景和內心感受；意識流小說注意內心獨白，隨著人的意識活動，表現出意識流動的多變性和複雜性；未來主義反對理性和邏輯，重視情感的表現；表現主義表現人的內心世界及被扭曲的社會現實；超現實主義重視現實的啓發而非現實的模仿。儘管各家主張不同，但皆同意大自然不是客觀的存在，而是人物意識的表徵。他們採用象徵、荒誕及意識流等不同手法從事創作，採用「表現法」，用歪曲客觀事物的方法來表露內心的思想和感情。

　　二十世紀的藝術主要有野獸派、立體主義、表現主義、未來主義、達達主義。野獸派畫家追求平面的、二度空間的裝飾效果，強調個人主觀精神；立體派畫家著重形的研究，按結構重新組織建構物體的形象；表現派畫家反對一切法則，只相信自己所創造的現象；未來派畫家強調表現情感的爆發和飛速運動的力量；達達派畫家要從反藝術中建立新藝術。

　　二次大戰後藝術邁入「後現代」時期，五○年代，「行動繪畫」及「色彩繪畫」成為流行的趨勢，藝術中心由巴黎轉至紐約。行動繪

畫是在畫布上滴潑顏料，畫家沿著畫布邊走邊滴，不受任何繪畫技巧與理論支配。色彩繪畫則以簡單的形狀、彩色的方法、粗線條構成抽象空間。六〇年代之後繪畫更走向多元化，其中以波普藝術最具代表風格，採用電影、廣告、報告、報刊、照相等技術來創造生活中普通物品的形象，並發掘人與藝術的關係，如罐頭、可口可樂瓶、鈔票、明星照片等都可成為藝術品。

圖7-16　法國畫家塞尚的作品，以「走向大自然的結構」找出藝術新途徑。

何謂文化認同

　　文化是人類生活的總體表現，以人為主體，自然為對象，包括精神及物質兩種層面。文化的發展受時空局限，有不同的表現。大致說來，可以分縱向及橫向兩面。從縱向來說，由西元前三三〇〇至西元二〇〇〇年的五千多年內，各個階段的歷史有其特色，表現該時期的主要精神，例如十六世紀為商業時期、十七世紀為科學革命、十八世紀為啟蒙理性、十九世紀為浪漫改革、二十世紀為多元文化，各時期薪火相傳，累積經驗，成就豐碩，有目共睹。從橫向來說，文化受地區阻隔有所不同：歐洲文化、北美文化、拉丁文化、俄羅斯文化、回教文化、印度及南亞文化、中國及東亞文化、非洲文化等，其歷史背

景、地理環境、氣候變遷，文化生成皆不同，文明發展有高有低，形
成文化認同問題。

圖7-17　莫內的作品：倫敦議會大廈。

圖7-18　印象主義藝術品，梵谷阿爾勒的
　　　　一瞥。

文化認同之難題

　　二十紀文化認同是追求全
球一體化所呈現的問題。受大
眾傳播媒介發達影響，各地區
文化無法孤立，獨立於全球體
系之外，惟個體文化之間，個
別文化本身仍存在文化差異的
問題。區域文化之間的認同可
藉由國際互惠及交流逐漸融

圖7-19　波普藝術。

合，但個別文化內的衝突與摩擦卻難以避免。例如一九九一年蘇聯瓦解之後，十五個加盟國紛紛獨立，但種族糾紛卻日趨加劇，地區戰亂反而嚴重；美國境內的黑白問題自十九世紀以來，在政治、社會上有所改善，但心靈上的歧視並未緩和；此外，男女之間的平等問題亦在六〇年代之後愈演愈烈，由女權運動至女性主義，如何建構文化認同標準，嚴重地挑戰了人類的智慧。

文化認同的標準

過去文化有主文化與次文化之分，因而認同標準出現身分上的差別：貴族歧視平民、教士卑視俗人，如今全球進入網路時代，貴族、中產階級特殊身分不再，平民崛起，地位相近，文化認同有別於過去，必須建構全體共享的標準。首先是文化主體問題，文化是人的表現，人體由肉身、心靈及靈魂三者組成。在肉身、心靈方面各文化可取得共識，惟對靈魂看法不一，大概可分爲今生、來生、永生三種態度，並可歸納爲四種文化：第一是重視今生的儒家文化；其次是重視來生的回教文化及佛教文化，回教宣稱人死後可入天堂；印度教則講究輪迴報應的學說，導致人們有不畏死亡的決心；第三是重視永生的基督文化，由基督宣揚信主得救，可以感受到追求生命延續的毅力。這四種文化彼此有其執著，導致矛盾與衝突，如何尋求對靈魂的普遍看法，消融其間的對立，是文化認同的第一課。

其次是了解到東西文化發展的特性。在世界文化體系的架構之中，東西方之形勢自波希戰爭波斯失利後，影響東方文化的西進，反而西方文化乘勢東進；亞歷山大、羅馬帝國、十字軍東征皆爲西方文

化擴大版圖,新航路、新大陸奠定了歐洲殖民大國地位;十九世紀帝國主義加強西方對東方的剝削,二十世紀西方霸權更以君臨天下的姿態,左右世局發展。

東西文化交流長久以來處於失衡狀態,非西方人在面對強勢文化環境之際,儘管不排除西方之優點及長處,但在心理難免有些失調並無法適應,因此在尋求文化認同之際,如何能夠有健全的心理意識是第二課。

最後是強調多元文化時必須注意到文化的差異背景,譬如討論到拉丁美洲文化時,即應注意到拉丁美洲在地理上為中南美洲,在歷史上之卻稱為拉丁美洲,究其原因為法國不甘喪失在美洲的地位,而於拿破崙三世時,重返中南美洲,將中南美洲稱為拉丁美洲,以示與北美洲英國安格魯撒克遜文化之不同。由此可見文化之差異不限於地理,主要是人文精神以及歷史背景。這是第三課。

文化認同是一件高難度的工作,從有形到無形,由具體到抽象,從外在到心靈,皆在考慮之列,它不只是風俗習慣、社會往來的互動,還包括政治理念、行為規範。如何在全球一體之下,認同彼此是文化最重要的一課。

問題與討論

一、何謂「存在主義」?其形成背景為何?為什麼它會在第一次世界大戰以後普遍流行?你是否同意存在主義的說法?若是,為什麼?若不是,又為什麼?

二、你是否會作「夢」?「夢」究竟顯示了什麼意義?佛洛伊德是近代有名的心理學大師,他的著作《夢的解析》提醒了你對「夢」有什麼樣的看法?

三、請老師與同學們共同欣賞現代藝術大師畢卡索的畫作,並以畢卡索為例,說

　　明現代藝術的演變與特色。你最喜歡哪一種現代藝術？爲什麼？

四、請老師與同學們一起欣賞電影〈蘇菲的世界〉，並共同討論電影中有哪些哲
　　學思想與「現代思潮」有關。

第八章　世界文化的交流

　　文化統合好像一個人的身體，由許多不同的器官組成。生命之維繫靠著器官間的協調與合作，文化之盛衰亦然，世界文化的統合有賴各地區文化之交流與互動，堅持某一地區文化之獨占性或唯一性，將導致整體文化枯萎，文明衰敗。

　　儘管各地區文化表現不同，彼此之間仍然相依相偎，而各文化內部也脣齒共存。黑人、白人；貴族、平民；男人、女人；不是處於對立、競爭狀態，而應是彼此了解、互動，惟其如此，人類才有可能凝聚一堂，共處一室，開創未來，全球一家。

第一節　多元文化的種族、階級和兩性關係

多元文化之發展

多元文化是繼歐洲中心論之後的世界文化發展趨勢。這種文化的特色是，否定優劣的上下比較，尊重不同文化的多樣表現，著重從文化人類學的角度，讓人們用一種相對的、比較的、同情的和寬容的態度去看待與自己不同的異域文化，沒有先進，沒有優秀，沒有落後，也沒有劣等。各地區人們儘管可以維護自己文化的成就，但不能依據自身文化價值，武斷地對其他文化作出否定性的評價，譬如將原始文化視為野蠻文化。其實，原始並非如一般所言的低劣，它也有其智慧巧妙之處，而我們所生活的文明社會，也非一般所誇口的那麼幸福、美好，仍有其不是，譬如精神上的惶惑、焦慮、孤獨、無望。

在文化的結構群中，種族、階級、兩性關係是一個重要的問題，長久以來勝王敗寇的霸權觀念導致了種族歧視、階級衝突及兩性對立等現象。值此文化邁向多元林立、文化內部結構重整之際，如何加強彼此了解與互動是文化再現的關鍵。

消除種族衝突

種族衝突與民族衝突不同。民族衝突多半為跨國界的戰爭，種族衝突則多局限於國內。種族問題多存在於民族國家中的不平等狀態，常常引爆成為地區戰爭，譬如蘇聯解體不久即發生亞塞拜然和亞美尼

亞、車臣與印古什的種族衝突。阿富汗在蘇聯軍隊撤走之後陷入血腥戰爭之中。

　　種族是人類早期社會的主要共生組織，人是群居動物，不能離群索居，由婚姻、家庭、氏族而種族，種族融合了血緣相近的人，形成共同的意識，以後歷經征伐、聯姻，再結合為民族及國家。究其內涵而言，種族多基於血緣；然究其見外觀，則多以膚色來界分：有黑色、褐色、白色等，而種族間的歧異以膚色為最。

圖8-1　伊索比亞的黑人小孩。

圖8-2　美國民權運動領袖金恩及其夫人（前二位）參加一九六五年阿拉巴馬大遊行。

　　在各種文化衝突之中，美國的種族歧視最為人詬病。美國係由移民的多種族所組成之國家，除了原住民印第安人之外，歐洲英裔、法裔、西裔等白人相繼赴美，非洲黑人亦因市場需求，被人以買賣

方式引入美洲，導致慘遭凌辱的不幸命運。黑人在北美洲早先被視為財產，不得輕言解放。解放黑奴者被視為剝奪別人財產，必須賠償奴主損失。一八六一年美國爆發南北戰爭，雙方對峙四年，遲至一八六五年結束，黑人始獲得人權，美國憲法修正案賦予黑人政治投票權，但僅止於政治人權，歧視依然存在，社會上實施黑白隔離平等政策，一直到一九五四年黑人才取得平等入學機會。六〇年代美國民權運動風起雲湧，黑人爭取社會平等不遺餘力，以金恩（一九二九～一九六八）博士的非暴力訴求最具代表，可惜金恩卻死在暴力暗殺之

下。繼金恩之後，黑人改採激烈手段追求種族平等，鼓吹黑權，為美國製造不少動亂。發展迄今，黑人社會地位已獲改善，但黑白心理歧見猶存，這或許是消弭種族糾紛最困難之所在。

　　除了美國之外，南非種族問題亦引起世人關注。一九五〇年代南非白人為鞏固政權，保障私利，採「種族隔離」政策，引發衝突，經黑人領袖曼特拉鍥而不捨地獻身奮鬥，終於解除了隔離政策。由上述兩案例可以發現，在多元文化體系之下，消弭種族對抗，無法因循霸權方式，必須相互尊重、對等。

圖8-3　印度寺廟（甘達利亞・瑪哈蒂廟）建於十一世紀，祭奉印度聖神溼婆。

緩和階級衝突

　　「人生而平等」是人類追求的理想，但卻說明了「人生而不平等」的事實。由生物的差異、經濟的貧富、權力的多寡都可以看到不平等的情景。階級是諸多不平等中最具體的現象。古代享有特權的，如埃及的法老、羅馬的元老、中古教會的教士以及民間騎士。近代商業革命之後，出現了一批以財富而獵名的中產階級，他們為了提升個人的地位及形象，與過去舊社會的貴族及教士分庭抗禮，提倡新文藝，帶動新風氣，形成新階級，爭取社會地位及財富。工業革命之後，社會生產方式轉變，以前遭人忽視並為人輕視的普羅大眾階級成為社會生產主力。儘管這些人身分低劣卑賤，但已是一股不可忽視的社會力量。他們組織工會與資本家爭取權力，為現代社會帶來不少騷動，但也改變了傳統社會階級觀念，讓更多的人分享社會權力與財富。

圖8-4　印度牛隻被視為聖物，不受約束、行動自由。

　　階級存在來自歷史現實，也出自社會理論。從歷史現實來看，它
是因戰爭勝負造成社會分工而形成的不同利益團體。古代社會戰爭頻
仍，勝者爲王，敗者爲寇，征服者與被征服者形成不同階級，以後隨
著傳承而產生依血緣爲基礎的階級區分。

　　從社會理論上來說，德國社會科學家馬克思（一八一八～
一八八三）的觀點最具代表。馬克思在主要的學說「歷史唯物論」及
「剩餘價值論」中，展現了他的階級觀念。他指出「以往一切的社會
歷史，都是階級鬥爭史。自由和奴隸、貴族和平民、領主和農奴、手
藝店主和工匠。簡括的說，壓迫者和被壓迫者，是處在彼此經常的敵
對之中，不斷地進行著祕密的或公開的鬥爭」。馬克思認爲階級是人
類社會發展至一定階段才會出現，原始社會沒有榨取者和被榨取者，
因此沒有階級，但隨著分工、生產力的發展，剩餘產品和私有財產的
出現，而有了階級。從奴隸社會經封建社會至資本主義社會，階級鬥
爭主導了社會的發展，導致利益的衝突。馬克思將階級簡化爲二元對
立衝突狀態之中，奴隸社會有奴隸及奴隸所有者，封建社會有農奴與
地主，資本主義社會有無產階級與資產階級，最後才是工人階級、無
產階級專政。

　　馬克思的階級理論學說至近代已無法圓融。隨著工業發達、國際
交流，過去對階級之區分準則不符實際，不論是血緣或財富，均無法
再作爲人品分流的標準，一名工人可能是藍領階級，但同時可能代表
工會競選成爲國會議員，其身分究竟隸屬上層議員還是下層工人階級
已無法清楚。在多元文化發展之下，階級觀念鬆動，甚至只能作爲一
些過氣人物維繫格調的想法。生物的不平等、生活上的差別儘管還
在，但人與人的等級區隔卻不必然，任何人經由自身努力，都可以獲
得殊榮與禮遇。

促進兩性平等

在兩性平權方面，自農業社會以降，由於生產條件重視勞力，使得女性社會地位處於劣勢，儘管有不少女人出人頭地，位高權重，但終究不是社會普遍現象。工業社會後生產條件轉變，勞力不再是生產的唯一條件，女人得以赴外工作，憑一己能力，力爭上游。但由於長期以來社會上工作多由男人主導，以致女性踏入社會遭到許多不公平的對待，包括政治參與權、社會工作權、人身保護權等。因此女人開始為自己爭取權利。

女性爭取兩性平權可分為兩個階段：女權運動、女性主義。女權運動在歷史上獲得關注始於法國大革命時，一七八九年十月巴黎婦女參加進攻凡爾賽之舉，迫使法王路易十六遷回巴黎，突顯了女人的重要地位。當法國大革命簽訂「人權宣言」後，女權運動者於一九七一年九月發表了「女權宣言」，為女性爭權掀起第一次高潮。這份宣言模仿「人權宣言」，將「人權宣言」中的人改寫為女人和男人，提出十七項婦女與女公民的權利以及男女平等的口號。自此之後兩性平權即成為女性努力奮鬥的目標。究其發展，可從歐、美兩地來看：

1.歐洲方面，長期以來對婦女的教育係以婦德為主，做為一名維多利亞式女人最重要的是勤勞、無私、善良、忍讓、忠貞，和克制欲望，但這種觀念受到少數激進女性質疑，如英

圖8-5　英國女權運動領袖：伍史東夫特。

國的伍史東夫特（一七五九～一七九七）及法國的西蒙波娃（一九〇八～一九八六），其中又以西蒙波娃的影響較大。她的《第二性》在一九四九年出版，轟動一時，被譽爲「討論女人最健全、最理智、最充滿智慧的一本書」，是「解放女性」的首次宣言。西蒙波娃以十分坦誠的態度，大膽深入討論女人隱私的祕密，駁斥傳統社會的謬誤與偏見，使得她成爲現代婦女解放運動偶像。

　　2.美洲方面，由於女性參與殖民生產活動，因此女性地位較高。美國早期女權與歐洲不同，少理論、多實際。西部拓荒時期，男人酗酒情形嚴重，爲了設法阻止男人酗酒，婦女至教會求援，進而組成團體，強調女性的尊嚴及地位，故早期美國女權運動之發展與禁酒運動有關，以後再進而爭取政治權力。至一九二〇年美國憲法十九條修正案，賦予女性參政權。兩次世界大戰，婦女投入生產崗位，並投入戰場服役，大大提高了女性地位。戰後物質進步，奶嘴及奶瓶的出現，讓女人擺脫在家庭哺乳育嬰的困境，加上科技發達帶來廚房革命，小家電將婦女從廚房中釋放出來，女人無論在工作方面、教育方面，甚至性方面都有了不同的發展。一九六三年女權運動領袖貝蒂·傅瑞丹（一九二一）撰寫《女性迷思》一書，批評社會對女性的偏見。一九六六年美國「全國婦女聯盟」（NOW）成立，女人地位提高，至一九七〇年代女性發現女權運動只能消極抗爭，無論爲女人請命，或改善女人地位，往往成效有限。故正本清源之道應

圖8-6　美國女權運動領袖貝蒂·傅瑞丹在全美女權大會中發表演說。

由女性角度肯定女性的意義，從此女權運動走向女性主義，由文學、語言中質疑男人長久以來主導的霸權文化，尤其是男性的語言，如為什麼「主席」用chairman而不用chairwoman，藉此申張女人的價值，並提升女性的地位。

　　女性主義抬頭不僅改變了女人政治、社會的權利，更重要是生活上的權利。從婚前兩性的來往，到婚後家事的承擔、育嬰的責任，男人都不能再執著過去而必須適應與新女性來往。

　　女人與男人之間的關係在本世紀面臨調整，兩性能不能合作，涉及的不是兩人的問題，而是下一代的認同，如何加強男女兩性之間的合作與友愛，將是建構完好社會主要的一頁。

圖8-7　美國華府群眾集會支持平權運動。

問題與討論 ■

一、觀賞電影〈辛德勒的名單〉，討論納粹德國對待猶太人的種族歧視政策？以及爲何當時的德國會有此種不理性的行爲出現？

二、在民族國家出現之後，種族問題漸趨嚴重，多是主體民族歧視他種族群，如伊拉克歧視庫德族人、美國的黑人受到白人的不平等待遇等。若就你的觀點，你認爲種族與種族之間爲什麼會有衝突存在？該如何解決？

三、雖說近年來臺灣的女權意識較前高漲，但社會上仍常有婦女受虐的事情發生。您認爲現今臺灣男尊女卑的情形依然普遍嗎？大男人與男子漢大丈夫有什麼區別？爲什麼？

第二節　世界文化交流

文化交流的歷史情境

　　人類歷史進展過程中，文化交流不曾中斷，且持續進行之中，唯各時代，因各地區文化交流方式不同，影響有別。一般說來，文化交流方式不外採剛、柔兩條途徑，循通婚、貿易及戰爭等方式進行。通婚係經由血緣結合，貿易是透過利益交換，兩者都以自然和諧的方式達到文化交流的目的，擴大人群關係，增進人際來往；戰爭則不然，利用軍事力量屈服對方，以威脅、迫害方式，建立政治上的霸權，取得文化上的優勢，從事文化交流。

　　十七世紀以前，人類的共同文化經驗為篤信神明及依賴農業生活，惟各地區信奉的神明不同，中國人重視祖先崇拜，歐洲人禮拜基督，阿拉伯人尊奉阿拉；且農業的發展情況不一，有些先進，有些落後，形成文明與野蠻的區隔。農業先進地區更常藉教化之名，征服異域，圖霸權之實。

　　十七世紀以後發生科學革命及工業革命，改變了傳統以來的文化交流方式，人文壓倒神明，工業取代農業。主義興起，學說四出，思想雜陳，互不見讓，加上技術進步，商品發達，文化強弱、優劣之別更趨明顯，工業發達國家挾其船堅砲利，欺凌發展落後國家，造成十九世紀歐美帝國主義窮兵黷武，亞非地區生靈塗炭、烽火連天的悲慘世界。而飽受迫害的國家，在面對西方工業國家壓迫之際，亦堅持固有文化。

圖8-8　美國總統雷根與蘇聯共黨總書記戈巴契夫於一九八八年在莫斯科舉行高峰會。

世界文化交流的困境

工業革命之後，世界文化交流面臨到「同化」及「異化」的困境。工業化似乎是同化的方向，異化則爲各民族國家在文化交流時對自己的堅持。就西方文化來說，工業化是西方的體也是西方文化的用，無所謂體用的差別。由神學、哲學至科學的發展過程，自然衍生了工業革命，促進了民主政治，催生了都市社會，形成資本經濟。但對非西方地區的文化而言則不然，工業化原本不是這些地區文化的體，卻成了該地區文化的用，自然出現了「體用」之爭。不論佛教文化、儒家文化、回教文化本身的特質均不足以促成工業革命，也無法自行工業化，必須接受外來科技，發展工業產品，自然無法與工業國家抗衡。一旦「全盤西方」即需拋棄國故，放棄根本，既非所願，亦

非所能,因而只能在堅持本位之下,進行同化。這種異化與同化的文化衝突,表現在中國、印度等文化根基較深的地區尤為明顯。

　　工業革命為各文化製造了緊張關係,但也因工業產品的普遍與普及,促進了文化間相互觀摩與比較。在過去,文化缺乏媒介,只能處於彼此欣賞的情境,而缺乏交流的可能,尤其是強勢文化與弱勢文化間的關係,往往呈現一面倒的狀態,弱勢文化除了屈服之外,只能承認自己的劣等。但工業化也讓一些弱勢文化有迎頭向上的機會,尤其在使用工業產品之際,多少有助改善本地文化的一些缺失,並加速融合雙方的間隙。

圖8-9　地球日集會,呼籲
　　　　人類重視環境。

圖8-10　來自世界各地不同的小孩聚集一
　　　　　堂,象徵世界文化融為一體。

世界文化交流的趨勢

今日世界文化交流在經濟發達、傳播媒體大力促銷之下，商品趨向多元同質化，生活邁向同步化，觀念朝向流通化發展。

商品方面，可由芭比娃娃之銷售與轉型窺其一斑。芭比娃娃是美國生產的玩具，一九五九年推出，身材高挑，風情萬種，皮膚白皙，衣著華麗，廣受歡迎，銷路長紅。爲了滿足市場需求，曼托爾公司在一九六九年推出黑色娃娃，但銷路反應不佳，至一九八〇年再推出黑色芭比娃娃，與白色娃娃原型相似，但加了顏色並改變了服裝，同時保留各地區文化的特徵，譬如亞洲芭比娃娃有對細長的眼睛，非洲黑色芭比娃娃有張厚嘴唇，使得芭比娃娃出現不同風貌，因此拓展了銷路。從芭比娃娃的轉型可以看到商品文化之發展趨向多元同質性之趨勢。

芭比娃娃爲美國產品，具有濃厚的實用主義、市場導向、利潤行銷的美國精神，但在文化的表面上亦開始出現個別性的差異存在，如何建立各種文化下的芭比娃娃則是文化流行的趨勢。除了芭比娃娃外，各種動物及其造型亦成爲文化交流的重要媒介。中國的熊貓、日本的凱蒂貓、美國的加菲貓、澳洲的無尾熊等成爲世界各地的親善大使，透過相互贈與，增進彼此的友誼。

生活方面，可由大眾生活追求一致標準看出文化交流的盛況。電視是世界各地人類生活當中共同擁有的「必須品」，除了傳達訊息之外，並扮演文化推手，世界各地風土、人情、習俗，經由電視傳播，送至家中，促進文化了解，增進人際溝通，使得生活邁向同步化，儘管美國號稱電視王國，在電視製作、傳送方面具不可動搖的領先地位，但各國在電視製作方面已逐漸重視本土文化的表現，使得電視成

爲世界文化交流最方便的利器，透過電視可以看到購物中心、汽車、高速公路，也讓人們對生活產生相當程度的認同感，不論在非洲、亞洲、歐洲、拉丁美洲，人們朝著近似的生活標準靠攏，並加強文化上的互動與往來。

觀念上，文化交流過程可分爲三個斷面：政治、社會經濟與意識形態。意識形態位於最底層，當政治、經濟趨向交流時，意識形態是最難以突破的障礙。觀念來自記憶的沉澱，屬於記憶的印象，往往因實相的消失，而無法動搖更改，且在文化交流過程中，構成心中的一道橫牆。譬如德國人屠殺猶太人，如何令猶太人忘卻德國人的暴行，絕非寬容二字可以釋懷，而怎樣改變猶太人對德國人的觀念，則關係著文化交流之進展。

觀念上的突破有待教育的提升，這也是現代多元文化發展的意義及價值所在。世界文化代表對問題從不同角度、不同層次的看法，或許無法達成共識，取得一致結論，但在觀念上，也因爲有了比較，而減少了「中心化」的危機，使得世界文化交流之間可以有較寬廣的空間及流通的管道。

世界文化融爲一體

傳統文化交流理念多採「鐵路理論」，將人類與社會發展設想成一列火車，火車頭牽引著一列車廂在軌道上疾行；發展至九〇年代，文化交流理論轉變爲「草原理論」，一片草原讓各種植物都能以和諧方式在此開花結果。

這是否爲世界文化融爲一體的態度與理念，固然有待考驗，但草

原理論的觀念在面對多元文化、多元價值的衝擊之下，不失為一個較為可行的途徑。當今世界許多地區的文化發展都面臨一種兩難的處境，是進一步向外來文化開放自己的社會，還是封閉自己的社會，用比較傳統的生活方式和解決問題的方式來應付？

圖8-11　一九四五年聯合國成立大會。

　　基於人類面對環境的問題趨於一致，諸如人口、汙染等，以及資訊傳播的迅速與快捷，各文化體系已無法獨立生存，如何消除文化間矛盾，加速交流也就刻不容緩。

　　依聯合國教科文組織分類，今日世界文化包括西方文化、東方文化及南方文化三支，並以技術之發展論述三者之間的衝突與調合。西方文化以一股「新興的力量」創造了人類歷史舞臺，並擬定了「演出規則」，要求世人參與；東方文化及南方文化登上舞臺，遵守規則表演，但亦得保有其角色的意涵與地位。技術固然對舞臺表演成功與否具關鍵性地位，但演員的見解及賣力的演出更是獲得青睞及掌聲的祕

　訣，如何讓東方文化及南方文化分享這份榮耀及喜悅，可能是世界文化交流的意義所在。

　　聯合國教科文組織在一九八二年的世界文化大會中提出，「文化是對話，是交流思想和經驗，是對其他價值觀念和傳統的鑑賞，文化將在孤立之中消失」，稍後又指出「通常，南北所知道的北方文化只是北方輸出的部分……至於北方人，他們往往並不了解南方人……一種自稱遍及全球的『次文化』大規模入侵，不是發展健康和相互平衡的文化關係的辦法。」

　　世界文化交流必須是在尊重文化的差異之下進行，非但國內如此，國際亦當如此，這種交流不能僅限於文藝、經濟，更應尊重不同的制度與歷史。

圖8-12　世界文化大融合。右上爲猶太人，右下爲佛教，左上爲回教，左下爲基督教。

問題與討論

一、就你目前所學，說明為什麼近代以來歐洲在文化與政治上居於優勢的地位，
　　及其對世界各地的影響。

二、你喜歡搖滾樂、喝可樂嗎？這些西方文化產物如今暢銷全世界，它們對我們
　　的社會有什麼影響？

三、雖然現今全球已逐漸成為一個息息相關的共同體。可是國與國的貧富差距和
　　生活水準相距依然甚大，尤以南半球和北半球最明顯。南半球多窮國，而北
　　半球多富國，也造成部分國家的不滿。請問你認為該如何解決此問題？

四、雖然芭比娃娃轉換成大家熟悉的臉孔和服飾，但是芭比娃娃畢竟還是美國意
　　識形態下的娃娃，作為世界人類的一分子，您對芭比娃娃扮演世界文化角色
　　有何看法？

附錄一

世界九大區域表格

茲分世界為九大區域，將重要史事表列於下：

西元	中　國	西　歐	東　歐	中亞、西亞
2698B.C.	黃帝		1600～1400B.C. 愛琴文化盛世	3000B.C. 古巴比倫文化興起
551B.C.	孔子生西漢以前	510～27B.C 羅馬共和	776～323B.C. 希臘文化 469B.C.蘇格拉底生	600B.C. 古波斯帝國興起 330B.C.亞歷山大帝擊敗波斯帝國大流士三世，西亞被兼併
1	東漢	27B.C.～A.D.476 羅馬帝國 A.D.313 基督教合法化	336～323B.C. 亞歷山大馬其頓帝國	323B.C.亞歷山大去世 4B.C.耶穌生 200基督教西傳
220	魏晉→隋		330～1453 東羅馬帝國	224～651波斯薩珊帝國 622回教興起
618	唐 五代	800查理曼稱帝 962 神聖羅馬帝國立 1097～1291 十字軍東征 商業漸興	900～1000 波蘭、捷克、匈牙利接受公教	750～1258阿拔斯大食帝國立 1050塞爾柱人入西亞 1097十字軍來侵
960	宋	1337～1453 百年戰爭 1450～1550 民族國家興起	950～1200 俄、塞、保接受東正教	1258蒙古入侵，伊兒汗國立 1453鄂圖曼土耳其滅東羅馬，占領巴爾幹
1279	元	文藝復興運動 宗教改革		
1368	明	地理大發現	1867 奧匈帝國形成；巴爾幹民族獨立運動	1783俄土戰爭歐洲列強干預 1922鄂圖曼土耳其帝國滅亡，回教世界割裂
1644	清	1770以後 工業革命	1914 第一次世界大戰爆發於巴爾幹半島	1923土耳其共和國建立
1911	民國 今日	法國大革命 民主政治漸成功		

印　度	東　南　亞	東　北　亞	非　洲	美　洲
1500～600B.C. 吠陀時代， 婆羅門教興 566B.C.釋迦牟 尼佛生 272～231B.C. 孔雀王朝阿 育王	43～600扶南興 229～1200狼牙 修立 約400傳入印 度教	3～5世紀百 濟、新羅、 高句麗立 4～7世紀大和 古墳時代	3000B.C.古埃及 文化興 北非：亞歷山 大帝國 北非：羅馬帝 國	3000B.C.中美 洲、南美洲已 有農業文　明 1000B.C. 中美洲古文明 國家興
320～540 笈多王朝， 印度教與佛 教並存 7世紀印度教大 盛 606～647 戒日王時代	650～1377室利 佛逝立 約700～900馬 泰藍、夏倫 德拉立 約700～1200 眞臘立	645日本大化革 新 738新羅統一朝 鮮 794日本平安時 代	350～580基督 教傳入衣索 比亞 7世紀末回教進 入北非 750～1324基督 教傳入努比 亞	A.D.300～800 馬雅文明興 起，宗教大盛 約1000馬雅文明 區限於猶加敦 北部
12世紀末回教 化運動開始 14世紀喀什米 爾、孟加拉 建國 1498達伽馬抵 印 1526～1857蒙 兀兒帝國立 1600以後歐人 來印設東印 度公司 1857英併吞印 度 1947獨立	1044～1287蒲 甘興 1253～1378素 古臺興 1294～1518滿 者伯夷立 約300回教傳 入南洋群島 1371～1767大 城興 1405～1511滿 剌加時代， 列強入侵 二次大戰後紛 紛獨立	918高句麗王朝 興盛 1192～1333鎌 倉幕府 1392李氏朝鮮 興 1467～1568日 本鎖國 1603江戶幕府 立 1868明治維新 1910～1945日 侵吞朝鮮 1948南北韓分 立 1950韓戰爆發	1030塞內加爾興 1076迦納王國興 1100東北非： 　回教傳入 1250馬利回教化 1250～1517曼魯 克王朝 15世紀歐人來 非捕奴 1517鄂圖曼人 入北非 19世紀歐人瓜 分運動 二次大戰後紛紛 獨立建國	約1350阿茲提克 帝國立，馬雅 文明衰，印加 帝國立 1510以後西班牙 人入侵中南美 1776～1860美、 加先後建國 1820～1830中南 美獨立運動

附錄二

圖片資料來源

圖序	內　　　容	資　　料　　來　　源
1-1	西班牙探險家首遇美洲土著圖	*Formations of Modernity*, The Open University, U.S.A.1992, p.303（底下引述簡稱*F. M.*）
1-2	美索不達米亞帝國的祭司陶像	*A History of the Human Community*, Vol.1, Prentice Hall, New Jersey, 1990, p.27（底下引述簡稱*H.H.C.*）
1-3	古埃及法老王易克納唐及其后妃聶芙麗娣娣	*H.H.C.*, Vol.1, p.69
1-4	浮屠	*H.H.C.*, Vol.1, p.133
1-5	泰利斯雕像	*The Oxford Illustrated History of Western Philosophy*, Oxford University Press, New York, 1994, p.10（底下引述簡稱*O.I.H.W.P.*）
1-6	拉菲爾畫作「古雅典學派」	*O.I.H.W.P.*, p.32
1-7	馬丁路德像	*A Modern History of Europe*, W. W. Norton, New York, 1971, p.163（底下引述簡稱*M.H.E.*）
1-8	喀爾文像	*M.H.E.*, p.172
1-9	達文西機械原理圖	*M.H.E.*, p.83
1-10	托勒密天文體系圖	*The Making of the Modern Word, St. Martin's Press*, New York, 1995, p.39（底下引述簡稱*M.M.W.*）
1-11	哥白尼天文體系圖	*M.H.E.*, p.84
1-12	伽利略像	*巴洛克之旅*，張心龍著，雄獅圖書公司，民國86年，p.22
1-13	啓蒙運動示意圖	*The Age of Empire 1875～1914*，Pantheon Books, New York, 1987, 第49圖
1-14	十八世紀末葉中國廣東省的街道圖	*M.H.E.*, p.457
1-15	十六世紀歐洲軍艦圖	*H.H.C.*, Vol.1, p.332
1-16	哥倫布登陸北美洲圖	*F.M.*, p.305

圖序	內　　　　　容	資　　料　　來　　源
1-17	西元1599年歐洲人繪製的世界地圖	*M.M.W.*, p.113
1-18	十六世紀西班牙殖民地開採金銀礦圖	*Europe and the People without History*, University of California Press, Berkeley, 1982, p.126
1-19	十八世紀西班牙與英荷聯軍海戰圖	*H.H.C.*, Vol.2, p.441
1-20	威斯特發利亞和平會議圖	*圖說世界的歷史*，冊5，p.40
2-1	中古封建莊園城堡	*The English Country Town*, Thames and Hudson, London, 1987, p.144
2-2	英國華威克城堡	*English Social History*, Longman, New York, 1978, p.20（底下引述簡稱*E.S.H.*）
2-3	中古社會形成的工作團體	*Western Civilization-A History of European Society*, Wadsworth Publishing Company, U.S.A.1999, p.465（底下引述簡稱*W.C.*）
2-4	中古婦女的家庭紡織	*Fins de Siécle-How Centuries End 1400～2000*, Yale University Press, New Haven and London, 1996, p.8（底下引述簡稱*F.S.*）
2-5	中古農民耕作圖	*E.S.H.*, p.11
2-6	中古時期的馬轡及重犁	*E.S.H.*, p.264
2-7	十五世紀莊園領主宴請佃農圖	*E.S.H.*, p.244
2-8	十四世紀瘟疫流行於德意志的哥廷根市	*F.S.*, p.16
2-9	十四世紀倫敦遭瘟疫肆虐	*F.S.*, p.74
2-10	十八世紀初葉紐科門設計的蒸汽機	*The Cambridge Historical Encyclopedia of Great Britain and Ireland*, Cambridge University Press, U.S.A. 1985, p.228（底下引述簡稱*C.H.E.*）
2-11	新式紡織工廠	*C.H.E.*, p.229
2-12	十八世紀英國白金漢郡的工廠	*F.M.*, p.155
2-13	現存英的「圈地」農場	*W.C.*, p.612
2-14	歐洲人移民海外，依依不捨的鏡頭	*S.B.*, p.132

圖序	內　　　　容	資　　料　　來　　源
2-15	凡爾賽宮外一景	*All Versailles*, by Gianni Dagli Orti, printed in *E.E.C.* 1998，p.89
2-16	盧梭像	*新編圖說世界歷史*，冊5，光復書局，民國80～81年初版，p.157
2-17	路易十六像	維基百科
2-18	法王路易十六上斷頭臺	*圖說世界的歷史*，冊6，p.52
2-19	民眾攻陷巴士底監獄	*新編圖說世界歷史*，冊6，p.45
2-20	法國的「公民及人權宣言」	*新編圖說世界歷史*，冊6，p.47
2-21	羅伯斯比像	*新世紀世界史百科全書*，p.244
2-22	拿破崙征俄失敗撤退圖	*新世紀世界史百科全書*，p.261
2-23	維也納會議圖	*佳慶百科彙集*，冊10，佳慶文化事業有限公司，民國72年初版，p.1230
2-24	奧國人民示威抗議圖	*光復彩色百科大典－世界歷史Ⅰ*，光復書局，民國71年初版，p.239
2-25	米蘭市民反抗奧國駐軍圖	*新編圖說世界歷史*，冊6，p.155
2-26	十八世紀新興的資產階級	*W.C.*, p.465
2-27	亞當·史密斯像	維基百科
2-28	巴爾札克像	維基百科
2-29	十九世紀英格蘭地區教會救助街頭饑民	*A Political Social and Economic History of Britain 1760～1914*，Hodder and Stoughton, London, 1987, p.182
3-1	卡爾·馬克思像	維基百科
3-2	艾德蒙·柏克像	*History of Philosophy, Hamlyn*, London, 1997, p.98（底下引述簡稱*H.P.*）
3-3	浦魯東像	維基百科
3-4	馬克思與恩格斯彼此間的信函	*新編圖說世界歷史*，冊6，p.183
3-5	吸引人的馬克思理念	*H.P.*, p.104
3-6	密爾像	*H.P.*, p.154
3-7	玻利瓦爾像	*新編圖說世界歷史*，冊6，p.120
3-8	聖馬丁像	*新編圖說世界歷史*，冊6，p.126
3-9	巴西的奴隸市場	*新編圖說世界歷史*，冊6，p.115
3-10	馬志尼像	*西洋文明發展史*，下冊，段昌國等著，空中大學，臺北，1990，

圖序	內　　　　　容	資　　料　　來　　源
3-11	加里波底像	*西洋文明發展史*，下冊，p.250
3-12	漫畫家筆下的俾斯麥	*新編圖說世界歷史*，冊6，p.194
3-13	英國勞工發起的憲章運動	***S.B.***，p.125
3-14	狄更斯像	*英國*，朱孟勳譯，臺灣英文雜誌社，民國80年初版，p.42
3-15	法國政治家喬哈斯公開批判政府	*La République*, 1880 À Nos Jours, Maurice Agulhon, Hachette, 1990, p.145
3-16	傑佛遜起草「獨立宣言」圖	*新編圖說世界歷史*，冊6，p.24
3-17	美國「獨立宣言」文獻	*新編圖說世界歷史*，冊6，p.24
3-18	美國南北戰爭形勢圖	*光復彩色百科大典—世界歷史 I*，p.264
3-19	十九世紀美國南部黑奴生活的情形	*光復彩色百科大典—世界歷史 I*，p.262～263
3-20	可怕的新式武器—坦克	*新世紀世界史百科全書*，p.280
3-21	戰時婦女加入工作行列	*新世紀世界史百科全書*，p.307及p.321
3-22	戰時政府的公債海報	*新編圖說世界歷史*，冊8，p.74
3-23	美國的徵兵海報	*新編圖說世界歷史*，冊8，p.84
3-24	列寧發表演說圖	*新編圖說世界歷史*，冊8，p.90
3-25	希特勒發表演說圖	*新編圖說世界歷史*，冊8，p.144
3-26	德國的經濟危機	*新世紀世界史百科全書*，p.321
3-27	威爾遜發表「十四點和平計畫」	*新編圖說世界歷史*，冊8，p.94
3-28	第二次世界大戰後的拉丁美洲	*The Twentieth-Century World, An Internationl History*, William R. Keylor, Oxford, New York, 1996（以下簡稱***T.T.C.W.***），p.399
3-29	第二次世界大戰後的非洲	***T.T.C.W.***，p.411
3-30	胡志明與比多會談情景	*新編圖說世界歷史*，冊9，p.35
3-31	甘地像	*新編圖說世界歷史*，冊6，p.148
3-32	印度的不合作運動	*新編圖說世界歷史*，冊6，p.166
3-33	尚比亞國內街景	*新世紀世界史百科全書*，p.341
4-1	英國布萊頓發電站	*科技發明史*，中華書局，香港，1990，p.227
4-2	法國的現代化煉油廠	*科技發明史*，p.225
4-3	居里夫人與她的女兒艾琳	*科技發明史*，p.210
4-4	1945年第一顆原子彈於新墨西哥州	*科技發明史*，p.308

圖序	內　　　　容	資　　料　　來　　源
4-5	慕尼黑可怕的空氣污染	*歐洲文化史*，下冊，辛達謨譯，
4-6	亞馬遜雨林遭受人類破壞	*A History of the World in the Twentieth Century*, J.A.S. Grenville, Harvard，1994，p.928
4-7	令人眼花撩亂的戰爭武器	*新編圖說世界歷史*，冊9，p.87
4-8	德國的核能發電廠	*歐洲文化史*，下冊，辛達謨譯，
4-9	畢卡索名畫—朝鮮大屠殺	*歐洲文化史*，下冊，辛達謨譯，
4-10	尼泊爾的水力發電機和美國加州的風力發電機	*新世紀世界百科全書*，p.356
4-11	墨西哥的玉米收成	*新編圖說世界歷史*，冊9，p.196
5-1	用谷騰堡印刷術印製的聖經	John Vivian, *The Media of Mass Communication*, Third edition, (Massachusetts: Allyn & Bacon, 1995)（以下簡稱*M.M.C.*）p.33
5-2	十七世紀的英國報刊	http://www.bl.uk/collections/newspaper/britl17th.html#from1620
5-3	蘇俄的眞理報	Godfrey Hodgson，宋偉航譯，人類大世紀（*People's Century*），臺北市：大地地理，民國88年，（以下簡稱人類大世紀）p.72
5-4	讀者文摘俄文版	*M.M.C.*, p.72
5-5	1912年紐約時報對鐵達尼號沉沒的報導	*M.M.C.*, p.167
5-6	1974年尼克森宣布辭職的報導	*M.M.C.*, p.267
5-7	揭發水門案的記者	*M.M.C.*, p.267
5-8	美國報業鉅子普立茲與赫斯特	*M.M.C.*, p.248
5-9	二〇年代KDKA電臺報導美國總統大選的開票實況	Peter Jennings and Todd Brewster，李月華等譯，珍藏二十世紀（*The Century*），時報出版，民國88年，（以下簡稱珍藏二十世紀）p.108
5-10	羅斯福「爐邊談話」	*M.M.C.*, p.173
5-11	德國納粹政府的廣播宣傳	Jiu-Hwa L. Upshur, ete. *World History: Comprehensive Volume*, Third edition, (Wadsworth: West, 1998) p.678
5-12	三〇年代電視機的問世	*人類大世紀*，p.412

圖序	內　　　　容	資　料　來　源
5-13	1960年美國總統大選第一次電視辯論	*人類大世紀*，p.420
5-14	印度人民守在電視機前	*人類大世紀*，p.429
5-15	發明摩斯電碼的摩斯	http://www.morsehistoricsite.org/
5-16	貝爾	http://www.fitzgeraldstudio.com/html/bell/inventor.html
5-17	英國的電話廣告與電話亭	*M.C.*, p.393
5-18	美國二○年代的電話接線生	*人類大世紀*，p.20
5-19	馬克一號電腦	*二十世紀史*，p.581
5-20	微晶片的內部構造	*二十世紀史*，p.582
5-21	網路新聞論壇	*M.C.*, p.13
5-22	舊金山的網路咖啡廳	*珍藏二十世紀*，p.555
5-23	九○年代美國某中學正在進行多媒體教學	*珍藏二十世紀*，p.550
6-1	1851年倫敦水晶宮博覽會	Richard L. Greaves, etc. *Civilizations of the West: the Human Advanture*, （New York: Harper Collins, 1992）（以下簡稱*C.W.H.A.*）p.666
6-2	第一次世界大戰後德國馬克大大貶值	*人類大世紀*，p.197
6-3	環境保護運動的勃興	*人類大世紀*，p.399
6-4	巴西里約熱內盧郊區的貧民區	Edward McNall Burns, etc. *World Civlza-tions: Their History and Their Culture*, （New York: W.W.W Norton, 1997）（以下簡稱*W.C.*）p.855
6-5	中古時期的牛津大學上課情況	*C.W. H.A.*, p.252
6-6	1968年巴黎學生暴動	John P. Mckay, etc. *A. History of Western Society*, Fourth edition (New Jersey: Houghton Mifflin, 1991) p.1000
6-7	1989年北大學生在天安門集會	*二十世紀史*，p. 641
6-9	紐約的克萊斯勒大樓	*二十世紀史*，p.224
6-10	中古哥德式大教堂	*C.M.H.A.*, p.261
6-11	加油站的出現	*珍藏二十世紀*，p.107
6-12	1913年的T型車	*人類大世紀*，P.102

圖序	內　　　　容	資　　料　　來　　源
6-13	二〇年代美國福特汽車公司的廣告	Mary Beth Norton, etc. *A. people and A Nation: A History of the United States*,（Boston: Houghton Mifflin Company, 1996）（以下簡稱*P.N.*）p.687
6-14	二〇年代美國紐奧爾良的爵士樂團	*二十世紀史*，p.184
6-15	德國帕索奧伯蒙古堡的露天電影放映會	*人類大世紀*，p.187
6-16	新藝綜合體電影泰山的海報	*人類大世紀*，p.191
6-17	巴西球王比利	http://sports.samsung.com/webzine/english/sports2/hero.html
7-1	十九世紀古典主義畫家安格爾的傑作	*Lévêque*，王鵬、陳祚敏譯，希臘的誕生：燦爛的古典文明，臺北市，時報出版，1994，p.41
7-2	君士坦丁七世接受基督教加冕	*C.W.H.A.*, p.192
7-3	米開蘭基羅畫作	*C.W.H.A.*, p.335
7-4	佩脫拉克	*C.W.H.A.*, p.315
7-5	盧梭	*C.W.H.A.*, p.573
7-6	菲德烈特二世拜訪伏爾泰	*C.W.H.A.*, p.572
7-7	林肯	William C. Davis, *The Civil War*, (Eastern National, 1994) p.14
7-8	史懷哲	林衡哲編譯，*二十世紀代表性人物*，臺北市，志文出版社，民75年
7-9	美國獨立建國英雄簽署「獨立宣言」	*C.W.H.A.*, p.555
7-10	十六世紀書本	*C.W.H.A.*, p.458
7-11	貴族在大廳跳舞，僕役準備食物	*C.W.H.A.*, p.467
7-12	黑格爾	*C.W.H.A.*, p.684
7-13	十九世紀奧國會議	*C.W.H.A.*, p.723
7-14	尼采	*C.W.H.A.*, p.825
7-15	十九世紀末紐約富商宴會	*C.W.H.A.*, p.743
7-16	佛洛伊德	*C.W.H.A.*, p.839

圖序	內　　　容	資　料　來　源
7-17	法國畫家塞尙的作品	Von der Antike bis zur Gegenwart，辛達謨譯，歐洲文化史：自古代至今日（*Kulturgeschichte Europas*）下冊，臺北市：編譯館，民國84年，（以下簡稱歐洲文化史）p.933
7-18	莫內的作品：倫敦議會大廈	*Sylvie Patin*，張容譯，莫內：捕捉光與色彩的瞬間，臺北市，時報文化，民國84年，p.117
7-19	梵谷的作品：阿爾勒的一瞥	*歐洲文化史*，p.934
7-20	波普藝術	Sam Hunter & John Jacobus, *Modern Art*, Second edition, (New York: Harry N. Abrams, 1985)
8-1	伊索比亞的黑人小孩	*C.W.H.A.*, p.1024
8-2	金恩參加1965年阿拉巴馬大遊行	*C.W.H.A.*, p.963
8-3	印度寺廟	Albert M. Craig, etc. *The Heritage of World Civilizations*, Third edition, （New York: Macmillan, 1994）（以下簡稱*H.W.C.*）pP.$_{II-6}$
8-4	被視爲聖物的印度牛隻	*H.W.C.*, p.P$_{II-2}$
8-5	伍史東夫特	*C.W.H.A.*, p.589
8-6	貝蒂・傅瑞丹的演說	Donald A. Ritchie, etc. *Heritage of Free-dom: History of the United States*,（New York: Macmillan, 1985）（以下簡稱H.F.）p.769
8-7	美國華府群眾集會支持平權運動	*C.W.H.A.*, p.1003
8-8	1988年莫斯科高峰會	*C.W.H.A.*, p.1008
8-9	地球日集會	*C.W.H.A.*, p.1027
8-10	世界各地不同的小孩聚集一堂	George C. Edward Ⅲ, etc. *Government in America*, Fourth edition, (New York: Longman, 1999) p.94
8-11	1945年聯合國成立大會	*H.F.*, p.671
8-12	世界文化大融合	*H.W.C.*, p.P$_{V1-2}$，p.P$_{V1-4}$，p.P$_{V1-5}$，p.P$_{V1-8}$

附錄三

大事年表

西元前100　羅馬凱撒下令在羅馬城與其他重要城市的顯目之處張貼每日紀聞。

1566　義大利威尼斯發行威尼斯小報。

1650　萊比錫的新到新聞創刊。

1688　英國發生光榮革命，廢除出版法案。

1731　英國出版社凱夫創辦雜誌。

1789　法國發生大革命，發表人權宣言，明確表示公民有言論、著述、出版自由。

1791　美國通過憲法修正案，保障人民的言論和出版自由。

1838　世界上第一家百貨公司在法國巴黎開幕。

1844　摩斯在華盛頓和巴爾的摩之間試驗有線電報成功。

1850　世界人口數約十億。

1851　倫敦舉辦第一次萬國博覽會，出現首座玻璃建築物。

1863　英國成立足球會，足球運動快速普及。

1871　德意志政府廢除新聞檢查制度。

1871　美國國家職業棒球聯盟成立。

1876　貝爾發明電話。

1885　德國成立足球會，英國足球運動職業化。

1888　愛迪生發明電影放映機。

1892　亨利・福特設計第一輛T型車。

1895　法國盧米埃兄弟公開放映世界上第一部電影：「火車進站」。

1897　馬可尼在英吉利海峽試驗無線電傳播成功。

1898　美西戰爭爆發，美國報業兩大鉅子普立茲與赫斯特之間競爭白熱化。

1915　美國多家電影公司聚集洛杉磯市郊好萊塢，之後好萊塢成為美國電影的代名詞。

1920　第一家廣播電臺KDKA在美國區茲堡成立。爵士樂自美國南方興起。

1922　麥當勞兄弟開設第一家速食餐廳。

1926　電視機首次在倫敦公開展示。

1930　美國石油公司發行加油卡，汽車駕駛可持卡先向各加油站簽帳加油，之後再到銀行繳款，此為日後信用卡之雛型。

1933　德國希特勒利用廣播電臺進行政治宣傳，美國、義大利、英國等國相繼跟進效法。

1936　英國廣播電臺（BBC）首次轉播英王喬治六世登基加冕典禮。

1944　第一部電腦馬克一號在美國製造成功。

1946　美國南方公司開設第一家便利商店，營業時間為早上七點到晚上十一點，故名7-Eleven。之後延長個人電腦為二十四小時，成為各種二十四小時營業的便利商店之濫觴。

1950　搖滾樂取代爵士樂崛起。

1955　卡潘尼發明光纖。

1957　蘇俄發射第一顆人造衛星史普尼克一號環繞地球成功。

1958　美國銀行卡（後稱VISA）開始發行。

1960　美國總統大選第一次電視實況辯論會。
　　　美國發射衛星回聲一號成功。

1961　第一代微晶片上市。

1962　美國發射衛星天王星一號，首次完成越洋轉播電視訊號。

1966　英國人開始利用光纖取代傳統銅線傳遞訊號。

1968　美國成立先進研究計畫局（ARPA），設計電腦網路系統。
　　　法國巴黎發生學生反政府示威暴動。

1969　臺灣成立臺北衛星中心，接收太平洋上的衛星訊號。
　　　首座網路節點在美國加州大學洛杉磯分校（UCLA）裝置完成，不同空間的遠端電腦開始能互相連結。

1974　美國總統尼克森因水門案宣布辭職。

1980　饒舌搖滾在紐約街頭崛起。

1981　國際商業機器公司（**IBM**）首次推出個人電腦，它搭配英特爾出產的微晶片
　　　和微軟設計的**MSDOS**系統，電腦的使用開始普及。
　　　第一宗愛滋病例出現在非洲。

1987　世界人口增至五十億。

1989　中國北京天安門發生學生抗議事件，政府派兵鎮壓，造成多人死傷。

1990　蘇俄政府廢除新聞審查制度。
　　　網際網路與全球資訊網開始快速普及。

1999　臺灣與新加坡合資興建，委託美國發射的中華衛星一號發射成功。

中外名詞對照

第一章

米利都　Miletus
創世　creation
原罪　original sin
恩典　grace
維騰堡　Wittenberg
歐洲中心論　eurocentrism
教皇葛利果里九世　Pope Gregory IX
異端裁判　the Inquisition
異教　Paganism
奧古斯堡和約　the Peace of Augsburg
威斯特發里亞條約　the Treaty or
Westphalia
洛克　John Locke
《寬容論》　*A Letter Concerning*
Toleration
伏爾泰　Voltaire
《論寬容》　*On Toleration*
文化多元主義　cultural pluralism
赫德　Johann Gottfried von Herder

第二章

采邑　fief
莊園　manor
土地　demesne

行會　guild
三年輪耕制　three-field
亨利・科特　Henry Cort
紐科門　Thomas Newcomen
鄉紳　gentry
圈地運動　enclosure movement
伯爾頓　Matthew Boulton
格拉斯哥大學　Glasgow
布萊克　Joseph Black
馬爾薩斯　Thomas Robert Malthus
普世性　cosmopolitan
全球化　globalization
盧梭　Jean J. Rousseau
路易十六　Louis XVI
三級會議　Estates-General
國民會議　National Assembly
巴士底監獄　Bastille
公民及人權宣言　Declaration of Rights
of Man and of Citizen
國民公會　National Convention
拿破崙　Napoleon Bonaparte
羅伯斯比　Maximilien Robespierre
維也納會議　Congress of Vienna
舊政制　ancient regime
亞當・史密斯　Adam Smith
盧梭　Jean Jacques Rousseau

拜倫　Lord Byron

濟慈　John Keats

狂飆運動　Sturm and Drang

巴爾札克　Honore de Balzack

史丹達爾　Stendhal

叔本華　Arthur Schopenhauer

尼采　Friedrich Nietzsche

貝多芬　Ludgwig von Beethovn

第三章

馬克思　Karl Marx

艾德蒙·柏克　Edmund Burke

《法國大革命之反思》　*A Reflection on Revolution in France*

浦魯東　P. J.Proudhon

聖西門　Comte de Saint-Simon

傅利葉　Charles Fourier

巴枯寧　M. A. Bakunine

恩格斯　Friedrich Engels

孟德斯鳩　Charles-Louis de Secondat Montesquieu

康德　Immanuel Kant

托克維爾　Alexis de Tocqueville

密爾　John Stuart Mill

費希特　Johann Gottlieb Fichte

玻利瓦爾　Simón Boloívar

聖馬丁　Joéde Sam Martín

拜倫　George G. Byron

馬札爾　Magyars人

奧匈雙元帝國　The Dual Monarchy

燒炭黨人　Carbonari

馬志尼　Guiseppe Mazzini

青年義大利黨　The Young Italy

加里波底　Giuseppe Garibaldi

伊曼紐二世　Victor Emmanuel II

加富爾　Camillo Benso, Conte di Cavour

倫巴底　Lombardy

兩西西里王國　Kingdom of the Two Sicilies

俾斯麥　Otto von Bismarch

威廉一世　William I

輝格黨　The Whig Party

奧康諾　Feargus Edward O'Connor

婁維特　William Lovett

憲章運動　Chartist Movement

路易·拿破崙　Louis Napoleon

參議院　Senate

眾議院　Champber of Deputies

喬哈斯　Jaures

列寧　Nikolai Lenin

墨索里尼　Benito Mussolini

希特勒　Adolf Hitler

威爾遜　Woodrow Wilson

十四點和平計畫　Peace Program of Fourteen Points

國際聯盟　The League of Nations

羅斯福　Franklin D. Roosevelt

聯合國　United Nations

託管制　Mandate System

不列顛國協　Commonwealth of Nations

甘地　Mohandas Gandhi

第四章

倫琴　Wilhelm Röntgen

拉賽福　Ernest Rutherford

波耳　Niels Henrik Bohr

海森堡　Werner Karl Heisenberg

瑪麗‧沃爾斯東克拉夫　Mary
Wollstonecraft

憲章運動　Chartist movement

人民代表法案　Representation

第五章

凱撒　Julius Caesar

光榮革命　Glorious Revolution

人權宣言　Declaration of the Right of
Man and Citizen

托利黨　Tory

輝格黨　Whig

雅各賓黨　Jacobin

吉戎第黨　Girondins

聯邦黨　Federalist

反聯邦黨　Anti-Federalist

便士報　Penny Press

凱夫　Edward Cave

讀者文摘　Reader's Digest

時代周刊　Time

新聞周刊　Newsweek

尼克森　Richard Nixon

水門案　Watergate Scandal

華盛頓郵報　Washington Post

紐約新聞報　The New York Journal

紐約世界報　New York World

哈定　Warren G. Harding

柯克斯　James M. Cox

戴高樂　Charles de Gauelle

法蘭克林‧羅斯福　Franklin D.
Roosevelt

邱吉爾　Winston Churchill

希特勒　Adolf Hitler

墨索里尼　Benito Mussolini

尼普科　Paul Nipkow

家庭電影院　Home Box Office: HBO

有線新聞電視網　Cable News Network:
CNN

摩斯電碼　Samuel Finley Breese Morse

貝爾　Alexander Graham Bell

國際電信衛星組織　Intelsat

卡潘尼　Narinder S.Kapany

哈瓦斯通訊社　Havas
算術運算　arithmetic computation
先進研究計畫局　ARPA: Advanced Research Project Agency
先進網路服務　Advanced Network and Services, ANS
全球資訊網　W.W.W.: World Wide Web
網景瀏覽器　Netscape Browser
首頁　home page
寬頻　braodband
頻寬　bandwidth

第六章

托拉斯　Trust
洛克斐勒　John. D. Rockefeller
卡內基　Andrew Carnegie
赫胥黎　Aldous L. Huxley
《美麗新世界》　*Brave New World*
蘇格拉底　Socrates
柏拉圖　Plato
學園　Academy
波隆那　Bologna
沙列諾　Salerno
盧梭　Jean Jacques Rousseau
斐斯塔洛齊　Johann Pestalozzi
福祿貝爾　F. Froebel
赫爾巴特　Johann Herbart

《愛彌兒》　*Emile*
《學校與社會》　*The School and Society*
密西西比河　Mississippi
紐奧爾良　New Orleans
爵士　Jazz
阿姆斯壯　Louis Armstrong
搖滾樂　Rock and Roll
艾維斯·普萊斯利　Elvis Presley
披頭四　The Beatles
麥可傑克森　Michael Jackson
瑪丹娜　Louis C. Madonna
饒舌搖滾　Rap Talk
愛迪生　Thomas A. Edison
盧米埃兄弟　Lumiére brothers
市球　town ball
波士頓賽　Boston game
紐約賽　New York game
國家職業棒球聯盟　National Association of Professional Baseball Player

第七章

蘇格拉底　Socrates
柏拉圖　Plato
亞里斯多德　Aristotle
佩脫拉克　Francesco Petrarch
但丁　Dante Alighieri

《神曲》　*Divine Comedy*

薄伽丘　Giovanni Boccaccio

《十日談》　*Decameron*

喬托　Giotto di B-ondone

達芬奇　Leonardo da Vinci

米開蘭基羅　Buonarroti Michelangelo

西斯汀教堂　Sistine Chapel

拉斐爾　Raphael Sanzio

伏爾泰　Voltaire

狄德羅　Denis Diderot

孟德斯鳩　Baron de La Brède et de Montesquieu

《百科全書》　*Encyclopedia*

《法意》　*The Spirit of Laws*

《懺悔錄》　*Confessions*

《民約論》　*Social Contract*

林肯　Abraham Lincoln

史懷哲　Albert Schweitzer

甘地　Mohandas Karanchand Gandhi

解放宣言　Emancipation Proclamation

羅曼羅蘭　Romain Rolland

洛克　John Locke

波丹　Jean Bodin

培根　Francis Bacon

佩羅　Charles Perrault

維柯　Giambattista Vico

笛卡爾　Rene Descartes

康德　Immanuel Kant

黑格爾　Georg Hegel

存在主義　Existentialism

齊克果　Sören Aabye Kierkegaard

尼采　Friedrich Wilhelm Nietzsche

雅士培　Karl Jaspers

海德格　Martin Heidegger

《存在與虛無》　*Being and Nothingness*

卡謬　Albert Camus

《異鄉人》　*Outsider*

《瘟疫》　*The Plague*

《西西弗神話》　*The Myth of Sisyphus*

實用主義　Pragmatism

皮爾士　Charles S. Peirce

威廉・詹姆士　William James

結構主義　Structuralism

李維斯陀　Claude L'evi-Strauss

《野性的思維》　*The Savage Mind*

解構　deconstruction

德希達　Jacques Derrida

佛洛伊德　Sigmund Freud

精神分析法　psychoanalysis

本我　id

自我　ego

超我　superego

象徵主義　Symbolism

意識流小說　Stream of consciousness

未來主義　Futurism

超現實主義　Surrealism

野獸派　Fauvism
立體主義　Cubism
達達主義　Dadaism
北美洲英國安格魯撒克遜　Anglo-
Saxon

第八章

亞塞拜然　Azerbijan
亞美尼亞　Armenian
車臣　Chechenia

印古什　In-gusshetia
金恩　Martin Luther King
曼特拉　Nelson Mandela
馬克思　Karl Marx
伍史東夫特　Mary Woolstonecraft
西蒙波娃　Simone de Beauvoir
《第二性》　*The Second Sex*
貝蒂·傅瑞丹　Betty Friedan
《女性迷思》　*The Feminine Mystigue*
全國婦女聯盟　National Organization
For Woman

國家圖書館出版品預行編目資料

近代西方文明史／林立樹、蔡英文、陳炯彰
著. －－二版.－－臺北市：五南, 2011.04
　　面；　公分
ISBN 978-957-11-6250-8 (平裝)
1.文化史　2.近代史
713.4　　　　　　　　　　　100004026

1W84

近代西方文明史

作　　　者 ─ 林立樹、蔡英文、陳炯彰

發 行 人 ─ 楊榮川

總 編 輯 ─ 龐君豪

主　　　編 ─ 盧宜穗

責任編輯 ─ 陳姿穎

封面設計 ─ 郭佳慈

出 版 者 ─ 五南圖書出版股份有限公司

地　　　址：106台北市大安區和平東路二段339號4樓

電　　　話：(02)2705-5066　　傳　　　真：(02)2706-6100

網　　　址：http://www.wunan.com.tw

電子郵件：wunan@wunan.com.tw

劃撥帳號：01068953

戶　　　名：五南圖書出版股份有限公司

台中市駐區辦公室/台中市中區中山路6號

電　　　話：(04)2223-0891　　傳　　　真：(04)2223-3549

高雄市駐區辦公室/高雄市新興區中山一路290號

電　　　話：(07)2358-702　　傳　　　真：(07)2350-236

法律顧問　元貞聯合法律事務所　張澤平律師

出版日期　2011年4月二版一刷

定　　　價　新臺幣320元